权威·前沿·原创

皮书系列为
"十二五""十三五"国家重点图书出版规划项目

民办教育蓝皮书
BLUE BOOK OF
PRIVATE EDUCATION

中国民办教育发展报告
No.1

ANNUAL REPORT ON CHINA'S PRIVATE EDUCATION: EDUCATION
TRAINING No.1

民办培训教育

吴　霓等／著

社会科学文献出版社
SOCIAL SCIENCES ACADEMIC PRESS（CHINA）

图书在版编目（CIP）数据

中国民办教育发展报告.1，民办培训教育／吴霓等
著．－－北京：社会科学文献出版社，2018.4
（民办教育蓝皮书）
ISBN 978 - 7 - 5201 - 2138 - 5

Ⅰ.①中…　Ⅱ.①吴…　Ⅲ.①社会办学－研究报告－
中国－2017　Ⅳ.①G522.74

中国版本图书馆 CIP 数据核字（2017）第 328040 号

民办教育蓝皮书

中国民办教育发展报告 No. 1
——民办培训教育

著　　者／吴　霓　等

出 版 人／谢寿光
项目统筹／邓泳红　陈　颖
责任编辑／陈晴钰

出　　版／社会科学文献出版社·皮书出版分社（010）59367127
　　　　　　地址：北京市北三环中路甲 29 号院华龙大厦　邮编：100029
　　　　　　网址：www.ssap.com.cn
发　　行／市场营销中心（010）59367081　59367018
印　　装／三河市龙林印务有限公司

规　　格／开　本：787mm × 1092mm　1/16
　　　　　　印　张：17　字　数：194 千字
版　　次／2018 年 4 月第 1 版　2018 年 4 月第 1 次印刷
书　　号／ISBN 978 - 7 - 5201 - 2138 - 5
定　　价／98.00 元

皮书序列号／PSN B - 2018 - 715 - 1/1

主要编撰者简介

吴 霓 男，布依族，教育学博士，研究员，中国教育科学研究院教育发展与改革研究所所长。1988 年毕业于北京师范大学教育系，获教育学学士学位；1990 年毕业于西南师范大学教科所，获教育学硕士学位；1995 年毕业于北京师范大学教育系，获教育学博士学位，为中国布依族的第一位教育学博士；1998～1999 年获德意志学术交流基金资助赴德国柏林洪堡大学、柏林工业大学做访问研究。1990 年至今在中国教育科学研究院工作。

兼任职务：全国民办教育协作创新联盟理事长；中国教育科学研究院高级职称评审委员会委员；中国教育科学研究院学术委员会委员；《新教育》杂志主编；中国教育科学研究院博士后及访问学者导师；西南大学和天津师范大学博士生导师；北京邮电大学、重庆师范大学、贵州师范大学硕士生导师。

研究领域：①教育政策；②流动人口子女教育；③区域及学校教育发展规划；④私学和民办教育。

摘　要

伴随着社会对多样化、高质量教育需求的不断扩大，近年来民办培训教育取得了如火如荼的发展，成为民办教育的一支重要"生力军"和促进教育变革的重要力量。本书即是对我国民办培训教育进行的较为全面的分析研究成果。

总报告部分，梳理了中国民办教育的发展概况，呈现了民办教育发展的基本面貌。以此为背景，通过对早期教育、课外辅导、职业教育及在线教育领域典型民办培训机构办学特色的简要分析，阐述了中国民办培训教育的发展特点，并结合经济新常态、"互联网＋"等社会发展态势，总结了中国民办培训教育的演进趋势。最后，针对民办培训教育在体制机制、内部管理、政策影响等方面的困境或局限，提出了政策建议。

发展篇部分，对中国各级各类民办教育的发展状况进行了系统的检视。"十二五"期间，民办教育改革和发展的政策舆论环境得到明显改善，政府和市场双重发力，有效营造了我国公办教育和民办教育共同发展的良好格局。全国各级各类民办教育取得了良好的新进展，各个省市的民办教育发展也呈现欣欣向荣的态势。

专题篇部分，包括三个专题研究篇章，分别是：

其一，中国民办培训教育的政策背景、发展概况与困境。中国民办培训教育在教育改革的浪潮中兴起并不断发展壮大，并以其较公办教育自主性更强的办学思路、更为灵活的市场办学机制和独到创新的"民办名校品牌",有效调动了社会各方面办学的积极性,激发了教育事业的发展活力。民办培训教育的发展,既适应了广大社会公众对教育的多样化和个性化需求,也引领了信息化变革等教育创新潮流,对构建灵活开放的教育体系做出了重要贡献。但同时,由于旧有的法律与政策规制不够完善、对民办培训教育的监管引导不足,中国民办培训教育的发展也存在一些问题,至今仍未能得到彻底解决,包括体制机制有待进一步创新,内部治理结构欠完善、人员变动与流失严重、传统民办培训教育机构面临转型挑战等。

其二,中国民办培训教育的典型案例。当前,中国民办培训教育蓬勃发展,通过对早期教育培训、课外辅导培训、职业教育培训和在线教育培训典型案例的剖析,能够发现中国民办培训教育有各自领域特色的经营模式和发展态势,这引领了不同领域教育培训市场的发展方向。

其三,国外私立培训教育的政策、实践与启示。澳大利亚、日本、印度和美国等国家在私立培训教育的发展方面,积累了较为成功的政策与法律经验,值得我国学习借鉴。这包括重视出台私立培训教育的政策与法律规范;政府对私立教育进行严格监管,同时拓宽私立培训教育的经费来源渠道;私立培训机构注重满足特色化、个性化的市场需求;重视第三方机构对教育质量的监督与评估,探索建立私立培训教育质量保障机制等。

Abstract

With the diversification of the public and the continuous expansion of high-quality education, privately-run training education has developed in full swing in recent years. It has become an important force for private education and an important force for promoting education reform. This report is a comparatively comprehensive analysis of China's private training education.

The general report sorts out the development of private education in China and presents the basic aspects of the development of private education. Based on this background, through a brief analysis of the characteristics of the running of private training institutions in the fields of early education, after-school tutoring, vocational education, and online education, the characteristics of the development of private training education in China are described. Combined with the new normal economy and "Internet + " referring to the trend of social development, it summarizes the evolution of training education in China. Finally, in response to the difficulties or limitations of private training education in terms of institutional mechanisms, internal management, and policy implications, appropriate policy recommendations are proposed.

Special Topics, including three special research chapters:

Firstly, the policy background, development profile and difficulties faced by private training education in China. Private training education in China is emerging in the wave of educational reform and continues to grow and develop. With its more autonomous school-running thinking,

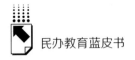
more flexible market-running mechanism and innovative "privately-run elite schools," the enthusiasm of running schools in all aspects of society has stimulated the development vitality of education. At the same time, the development of private training education not only meets the diversified and individualized demands of the general public and students, but also leads the trend of education innovation such as informational changes and makes an important contribution to building a flexible and open education system.

Secondly, the typical cases of private training education in China. At present, China's private training education is booming. Through the analysis of typical cases of early education training, after-school tutoring, vocational education training, and online education training, it is possible to examine the characteristics, business models and development trends of the private education in China. It leads the development directions of the education training market in different fields.

Thirdly, the policy, practice and inspiration of foreign private education training. Countries such as Australia, Japan, India, and the United States have accumulated many successful policies and legal experiences in the development of private training education and it is worth our country's learning and reference. This includes attaching importance to the introduction of policies and legal norms governing private training education. The government strictly supervises private education and at the same time broadens the sources of funding for private training education. The private training institute pays attention to meeting the needs of the specialized and personalized market. The government explores the establishment of private training education quality assurance mechanisms.

目 录

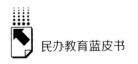
Ⅲ 专题篇

皮书数据库阅读**使用指南**

CONTENTS

I General Report

II Report on Private Education Development

III Special Reports

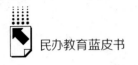

总 报 告

General Report

B.1

中国民办培训教育发展的
特点、趋势、困境与对策

吴霓 叶连云*

摘　要： 随着2016年11月7日《民办教育促进法》的修订，民办教育既迎来了历史的发展机遇，又面临一定的挑战。民办培训教育随着互联网的广泛运用而蓬勃兴起，已成为民办教育领域中一股重要而又活跃的力量，近年来民办培训教育的发展呈现自身的特点与趋势，积累了较丰富的成功经验，同时也面临着一定的问题与困境，需要

* 吴霓，男，布依族，教育学博士，研究员，中国教育科学研究院教育发展与改革研究所所长；叶连云，女，阳光喔教育集团新语文研究院研究人员。

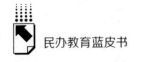

法律法规与政策规制的破解。

关键词: 民办教育　民办培训教育　创新发展

近年来，民办培训教育取得了较为快速的发展，为社会提供了丰富多样、优质特色的民办教育服务，成为民办教育体系的重要组成部分，也成为我国教育事业发展的重要增长点和促进教育改革的重要力量。

一　民办教育发展的基本面貌

（一）中国民办教育的总体规模继续扩大，法律制度逐渐完善

1. 全国民办教育总体规模持续扩大，各级各类民办教育发展规模逐渐壮大

随着民办学校运用市场机制配置教育资源更加灵活，民办教育的总规模继续扩大，学校数、招生数、在校生数均呈逐年增长态势。2016 年，全国共有各级各类民办学校 17.10 万所，较上年增加 8253 所；招生总数达 1640.28 万人，较上年增加 3.37 万人；在校生数达 4825.47 万人。另外，还有其他民办培训机构 1.95 万所，与上年基本持平，846.80 万人次接受了培训。就各级各类民办教育而言，除普通高中、中等职业教育外，民办幼儿园、普通小学、普通初中、高等教育的在校生规模均较上年呈现不同程度的增长。

2. 国家以法律形式明确提出对民办学校实行分类管理

2015 年 1 月 7 日，国务院总理李克强主持召开国务院常务会议，讨论通过了对《教育法》《高等教育法》《民办教育促进法》等相关法的修正案草案，并决定提请全国人大常委会审议。此次草案修订明确规定对民办学校实行分类管理，允许兴办营利性民办学校。此次修订，一方面取消了关于民办学校"以营利为目的"的相关限制，允许民办教育领域兴办营利性学校，为民办教育提供更大的发展空间；另一方面允许民办学校自主选择登记为非营利性或者营利性法人，从而在法律层面为民办教育实行分类管理提供一定的条件和基础，有利于进一步推动民办教育的健康发展。2015 年 12 月 27 日，第十二届全国人大常委会第十八次会议通过修订的《教育法》《高等教育法》的决定，删除了"不得以营利为目的"举办学校及其他教育机构的条款。2016 年 11 月 7 日，第十二届全国人民代表大会常务委员会第二十四次会议审议通过了《关于修改〈中华人民共和国民办教育促进法〉的决定》。

在国家明确对民办学校实行分类管理的背景下，着力完善民办教育分类管理的配套政策与制度，成为今后一段时期我国促进民办教育发展的重点方向，已被纳入教育部 2015 年工作要点。时任教育部部长袁贵仁在"2015 年全国教育工作会议"上的讲话提到，要依法建立财政、金融、土地、人事等方面差异化扶持政策，健全政府补贴、政府购买服务、助学贷款、基金奖励、捐资激励等制度，解决民办教育面临的问题和困难，保障民办学校教师与学生的合法权益。要完善民办教育管理服务体系，建立民办教育管理部门协调机制。

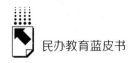
（二）地方民办教育趋向规范发展，办学规模逐步稳定，各地积极探索促进与规范民办教育发展的举措

1.各省民办教育办学规模总体发展稳定

多数省份民办学前教育规模继续扩大。无论是民办幼儿园数还是民办在园幼儿规模及其所占比例，多数省份均呈现持续增长趋势。2011年，全国绝大多数省份民办幼儿园数较上年均呈现不同程度的增长，浙江、新疆等地除外。2013年，除山西、辽宁、浙江等地民办学前在园幼儿数出现小幅下降外，全国绝大多数省份民办学前在园幼儿数均呈现不同程度的增长趋势。

多数省份民办义务教育规模稳定发展，民办普通高中规模有所缩小。虽然多数省份民办义务教育学校数有所减少，但民办义务教育在校生规模以及民办义务教育在校生所占比例均稳定增长。2013年，19个省份民办小学在校生数较上年呈不同程度的增长，21个省份民办初中在校生数也继续增长，22个省份民办小学在校生所占比例较上年略有提升。然而，无论是学校数还是在校生数，2013年多数省份民办普通高中规模均呈缩小趋势。

多数省份民办中等职业教育规模有所萎缩。多数省份民办中职学校数、在校生数及民办在校生所占比例均呈不同程度的减少。2011年，黑龙江、上海、海南、西藏、甘肃等地民办中职学校数与上年保持不变，多数省份民办中职学校数呈不同程度的减少，内蒙古、吉林、辽宁、云南、山西等地除外。2013年，27个省份民办中职在校生规模继续保持上年的缩小趋势。

多数省份民办高等教育发展趋于稳定，独立学院招生规模逐渐萎缩。2011 年，除山西和上海民办高校的学校数较上年有所减少外，多数省份民办高校数量与上年持平，内蒙古、江苏、安徽、江西、山东、河南、湖北、广东、重庆、四川、贵州、云南等 12 地民办高校数量呈不同程度的增长。与上年多数省份民办本专科学校招生数呈增长趋势不同，2013 年近半数省份民办本专科招生规模有所缩小，天津、山西、黑龙江、江苏、浙江、湖北、湖南、广西、重庆、四川、甘肃、陕西、宁夏、新疆 14 地招生数量呈不同程度的减少。2013 年，24 个省份独立学院招生规模逐渐萎缩。

多数省份民办培训机构数有所增加。与 2010 年的趋势不同，2011 年，除天津、河北、安徽、福建、广西、重庆、贵州、甘肃等地民办培训机构数减少外，多数省份民办培训机构数呈不同程度的增加。其中，江西、云南的民办培训机构数较上年增长超一倍，分别增长 164.29%、131.37%。

2. 地方政府出台政策并积极探索和创新发展民办教育的举措

地方政府十分重视对当地民办教育的扶持与促进。近半数省级政府在其 2015 年政府工作报告中明确提及民办教育的有关内容，分别从不同方面提出对民办教育的有关扶持政策。

地方政府在促进民办教育发展方面的政策与举措主要有：第一，将民办教育作为深化教育领域改革的重要内容，如江西省、广东省、湖南省；第二，出台民办学校分类管理配套政策，如四川省、江苏省决定对当地民办高校实行分类管理，山东省出台了民办普通中小学校（幼儿园）分类认定办法；第三，出台促进民办非学历培训机构发展的政策，如上海市、重庆市、宁夏回族自治区。

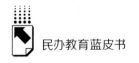

二 民办培训教育的发展特点与演进趋势

（一）民办培训教育成为我国教育事业发展的重要增长点和促进教育改革的重要力量

民办培训机构的地域分布与区域经济发展水平密切相关。东部地区教育培训机构数量为 29833 家，占全国教育培训机构总量的 66%；中部地区为 10228 家，占全国教育培训机构总量的 22%；西部地区为 5501 家，占全国教育培训机构总量的 12%。中部和西部的民办培训教育发展虽然相对缓慢，但其潜在发展空间和需求巨大。

从民办培训机构所属的行业来看，数量最多的首先是语言类培训；其次是 IT 业培训；最后是中小学课外辅导类培训。民办培训机构的教学主要包括面授和网络教学两种方式。其中面授包括：大班上课、小班上课、一对一；网络教学包括家庭作业问答平台、数据管理、虚拟课堂等。

民办培训教育的对象按年龄可划分为四类：（1）0～6 岁年龄段，家长的培训需求主要集中在对孩子的性格、兴趣等方面的挖掘和塑造上。（2）7～12 岁年龄段，家长相对偏向兴趣和素质方面的培训，除此之外，辅导孩子做作业的托管班较多。（3）13～18 岁年龄段，因面临中考和高考，家长选择辅导班更多会倾向于应试、复习、巩固等辅导班。（4）18 岁以上年龄段，培训需求呈现更加多元化的发展。出国留学的培训、考研培训、公务员考试培训是这个年龄段需求最为旺盛的培训类型。

民办培训机构的市场运营形式主要包括中小学直营与连锁、收购、产品线扩张三种。其扩展方式主要包含两种：第一种是先规范化，再规模化；第二种是先规模化，再规范化。民办培训机构的市场渠道主要分为线上和线下两种模式，主流的是线下招生模式，线上渠道包括 SEM 渠道营销、QQ 群和微信群营销等方式。

（二）从典型办学案例看中国民办培训教育的四大发展特点

受教育培训的市场需求所引导，我国民办培训教育的主要生长点和特色发展领域，可大致体现在早期教育、课外辅导、职业教育和在线教育这四个方面。在这四个领域中，一些教育培训机构通过多年的实践探索和经验积累，逐渐形成了自己的办学专长与特色，如早教行业的金宝贝、幸福泉，课外辅导领域分别专注于英语、语文和数学的新东方、阳光喔和好未来，职教领域的达内科技、车先生，以及在线教育领域发展势头迅猛的凌声芯、天学网等。从对早期教育、课外辅导、职业教育及在线教育领域的民办培训机构的办学特色分析中，能够发现我国民办培训教育的发展特点。

1.早教培训行业呈现连锁化、本土化、一体化、专业化、社区化等多元发展态势

（1）以金宝贝为代表的国际早教品牌强势领先，行业品牌优势明显

金宝贝的发展特点为：①本土化趋势明显。2013～2014 年，在保持课程全球一致的同时，金宝贝在中国积极探索如何让课程更加贴近中国国情，为课程注入中国元素，实现国际化与本土化的平衡。②重视师资。借助集中系统的师资培训保证教学质量和服务质量，通过完善的培训理念和机制，在上海集中对全国的老师进行培

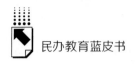
训，并且长期派遣美国总部人员在中国，举办亚太区指导教师培训营以及发展全球性早教研究中心。③经营模式以加盟连锁为主。金宝贝 80% 的加盟商为其以往的家长，品牌认同度促成"上帝"到"伙伴"的角色转换，将家长客户发展为合作伙伴，使其深度体验金宝贝的课程和产品、发自内心地认同之后再加入到加盟群体，这是对品牌传承和延展最有力的保障。

（2）以幸福泉为代表的国内早教本土品牌与国际接轨，善于利用互联网，以创新品牌赢得未来

作为儿童个性化潜能发展研究与教育服务的综合性集团，幸福泉儿童发展集团以"幸福教育"为宗旨，创建了儿童潜能发展的系统理论、0～6 岁一体化的 3A 办园模式和 BME 连锁运营体系，形成了"个性化潜能发展教育"的核心理念及教育特色，先后打造了"幸福泉幼儿园""儿童创客""蜜罐儿"三大教育品牌。

在民办教育发展的新时代，幸福泉拥抱互联网，加强品牌战略，研发适应移动端需求的儿童创造力培养产品，构建"教育+互联网"的创新教育新模式。幸福泉还将打造"创客国际幼儿园"，在环境创设、创造力系列课程、巧思馆设计应用等软件、硬件条件方面，建立"创客国际幼儿园"的规范标准和评价指标，与国际创新教育接轨，打造国际品质的儿童创新教育高端幼儿园。

2. 课外辅导培训中英语、语文和数学培训机构呈现不同的发展特色

（1）英语培训机构办学案例——新东方，度过企业发展风险期，发展较为稳定

面对竞争白热化、少儿英语培训产品同质化严重、办学成本提

高、预收款项多缴多赠等问题，新东方凭借其多年积累的收入体量和较为完善的管理体系，顺利度过了一波来自技术变革（"互联网＋"）、国家政策（四六级英语考试业务的市场需求量在自然萎缩、高考英语考试政策的发布）、外部市场竞争、内部调整与高管离职（泡泡少儿进行重新调整和梳理，削减教学中心放缓扩张速度，执行总裁陈向东和高级副总裁沙云龙先后离职）冲击的企业发展风险期。

新东方"为应试而生"，专注于"补弱"；以服务学生为导向，进行分层培训；实行"公司＋学校"的集团化管理；具有多元倾向（经营领域的多元化、办学层次的多元化、办学方式的多元化）；新东方 K12 学生群体分布呈"倒三角形"；教学速成导向；营销模式以会销为主。

（2）语文类培训机构案例——阳光喔，政策利好下的语文培训机构迅猛发展，迎来行业春天

在环境利好（国家经济、国际地位的提升）、市场利好（语文培训成为刚性需求）、政策利好（高考政策中得语文者得高考）的背景下，语文培训机构迅猛发展，竞争进入白热化阶段。阳光喔作为作文教育专业领先者，秉承"作文让成长更精彩"的语文教育理念，肩负"站在民族高度，振兴中国语文"的使命，专注作文教育27年，在北京、上海、广州、深圳、武汉等全国31座城市及马来西亚等海外地区拥有150余家教学中心、1000余名专职教师，累计培训学员达100余万人，年产值超过亿元。

阳光喔属于典型的产品和技术驱动型机构，其成功的关键在于始终将后台管理质量放在首位。经过不断的改革转型，阳光喔已发

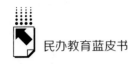

展为资本、技术（产品理念、课程推广、教学及教育服务、项目研发）、资源（客户资源、市场资源、政府资源）、平台（客户管理、技术管理及办公信息化）及运营团队（市场、销售、生产、服务、管理人员）五要素共同驱动的现代化企业。

（3）数学类培训机构案例——好未来，坚守教学品质，拥抱高科技与互联网，打造线下与线上的完美结合

教改取消奥数短期内带来的影响，长远来看并未对数学培训行业产生太大的冲击。2009～2014年，数学培训机构发展线路图呈"U"形，出现过小低谷。但2014年，奥数培训开始回暖，并未因教改而遇冷。

这一阶段，好未来的发展具有以下特征：发展历程中高科技与互联网特征明显，分层教学取得巨大成功，注重口碑营销（注重"和客户的亲密度"，专注于教研、备课、培训），注重教学品质和服务质量，营销方式中内部转化率是行业优势；对外扩张实行自下而上突围。好未来的学员结构稳固，呈现金字塔形；与行业巨头一同引领和主导培训机构的运营模式，无论是网络还是线下竞争。

3. IT培训机构立足新起点，引领行业发展新高度，推动产业链的形成

（1）中国IT职业教育的第一品牌——达内，拓展泛IT、非IT职教领域

2014年4月3日，达内科技登陆美国纳斯达克证券交易所，成为中国职业教育行业首家在美国上市的公司。根据IDC的数据，达内国际集团是目前国内最大的IT职业教育机构，市场份额超过8.3%，排名行业第一。

达内实行线上线下结合的 O2O 模式，实现优质教学资源最大化利用。在收费模式上采取"先学习，就业后付款"，实现学员、企业双赢发展。达内极为注重师资组合及教学系统，看准市场前景，拓展泛 IT、非 IT 职教领域。

（2）中国汽车培训的新兴品牌——车先生，办好一所学校，带动一条产业链

作为职业培训机构的后起之秀，车先生将教育模块与产业模块紧密结合，攻占汽车后市场，致力于打造国际一流的汽车梦幻城，以具备国际最高端的精英人才、具备国家级的专业教学体系、培养学生自主创业的就业体系及培养最专业的应用型人才为自身定位。

在发展过程中，车先生相继与一汽大众、广州本田等汽车巨头及茶陵职业中专、衡南职业中专等 8 所国家级、省级示范性职业中专联合办学，共同打造"汽车运用与维修"专业，为汽车后市场输送应用型人才。随着汽车后市场迎来黄金发展期，汽修职业教育蓬勃发展，随之而来的是汽车加速更新换代，以及汽修专业课程、教学设备的升级。

4. 在线培训教育为大势所趋，发展扩张迅速

2013～2014 年，在线培训教育的投资热度及市场规模扩张迅速。2004 年，我国网络教育市场规模约 143 亿元，2013 年已达到 981 亿元，实现了 21.2% 的年均复合增长率，预计 2015 年在线教育市场规模将达到 1200 亿元人民币。其中，高等教育、职教培训及 K12 教育占比分居前三。在线教育主要包括技术提供商、平台提供商和内容提供商三类。目前，在线教育的盈利模式主要有以下五种：内容收费、增值服务、软件收费、平台佣金、广告收入。

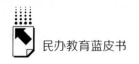

（1）技术供应商——凌声芯，专注语音技术，拓展英语口语学习市场

凌声芯专注于英语口语评测、语音识别等技术的研究，是当前国内为数不多拥有语音测评核心技术的厂商之一，先后承担工信部、科技部等相关项目，还涉足教育部大学英语四六级机考口语机器评测、数字出版技术授权、互联网教育技术授权等领域，新东方、凤凰传媒等知名企业均为其合作伙伴。

技术提供商类型的在线教育公司发展动向：关注价格因素对市场的影响；注重个性化需求；注重数据累积；注意品牌建设及市场应变的灵活性；关注产品质量和后期服务。

（2）平台及内容供应商——天学网，推动信息时代的规模个性化学习

天学网重视教育产品内容的高品质原创，为学校、教师与学生提供智能教育解决方案，致力于个性化教育在学校的大规模普及，与其线下教育构成闭环。公司制定和稳步实施"平台＋内容"战略，基于移动互联网为学校或教师提供以分层、走班、翻转教学为核心的智能教学解决方案，以为学生提供个性化或定制化学习为核心的智能学习解决方案，致力于在学校大规模地普及个性化教育，与学校、家庭一起成就孩子的未来。教师、学生、家长能够方便快捷地通过不同终端上的天学网客户端使用各种产品。

天学网重视教学法创新，并在此基础上融合互联网、大数据、人工智能与高品质资源，提供各种产品与服务。天学网提供的产品与服务包括平台服务、学科智能教学产品与精品个性化课程。

（三）民办培训教育的发展趋势

1. 民办培训教育市场格局初现

（1）品牌化格局初步形成

在不久的将来，中国教育培训业的品牌化格局将会初步形成。中小学课外辅导领域将以多元化的优势占据全国市场，最后会形成像家电业和电脑业一样大品牌割据市场的局面，各大品牌在自己的领域内不断圈地扩大，将标准化和专业化的运营模式向全国推广，这也将是中国民办培训教育业未来的发展格局。但由于培训教育领域的广阔市场和丰厚利润，西方国家企业也采取了"教育连锁经营"等模式加快了进军中国的步伐，这对民族自有的培训教育品牌无疑是个不小的冲击。

（2）逐渐进入国际市场竞争

在国际教育集团进入中国教育市场的同时，中国的教育机构也要走向国际大舞台，同时要展开与国际教育集团在国内市场的竞争，本土品牌需要联手行动，加大产业联盟，既要学习国际先进的教育模式和教学科学技术；同时也要借助本土的优势研发国内教育产品，提高竞争力。据《2014~2020年中国教育与培训行业市场供需与发展趋势预测报告》显示，中、小型培训机构的另一个竞争策略就是不求"大"而求"深"，即认真分析细分市场，选准某一个需求点，精准地深入下去。

（3）向专业细分综合型发展

民办培训教育机构在产品设置方面大体可以分为多元型、单纯项目型、专业细分综合型。多元型即产品多元化，课程种类多样，

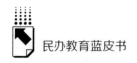

专业细分综合型是指专注在某一个或某几个专业行业领域内，课程项目覆盖全面，产品链相对丰富、综合。与其他细分行业相比，学前教育领域的格局是最分散的，受地域性强、批地繁杂、小势力割据、教师流动性大等诸多因素困扰，真正有规模的教育机构很少。对于早教市场而言，并购整合将是下一阶段的重头戏。

2. 经济新常态对民办培训教育提出新要求

（1）教育资源配置亟须优化

财政收入由高速增长转为中低速增长，使一些地区财政收入出现波动，但财政支出呈刚性增长，导致有的地方承受较大压力①。党的十八届三中全会《中共中央关于全面深化改革若干重大问题的决定》提出：清理规范重点支出同财政收支增幅或生产总值挂钩事项，一般不采取挂钩方式。这就要求教育资源配置实现从"小投入"到"大投入"的转变，既要用好财政教育投入，又要引导好全社会资源向教育配置的积极性，在体制上要求进一步科学界定公共教育服务的边界，处理好政府与市场、社会的关系，创新公共教育服务的提供方式，探索教育公益性实现形式的多样化，从而对民办教育的角色提出新的要求。

（2）教育人才结构要与经济融合

密切关注教育与经济的关系，既要大力推进公办教育改革创新，又要充分发挥民办教育与行业企业结合紧密的优势，进一步加强民办教育内涵建设，优化人才培养结构，强化办学特色，特别是紧紧围绕中高端制造业、现代服务业的紧迫需求，着力培养

---

① 单大圣：《经济新常态下民办教育发展的新思路》，《浙江树人大学学报》2015 年第 3 期。

技术技能型人才、应用型人才和创新型人才，实现与经济社会的深度融合。推进经济结构调整，要求进一步发挥市场在资源配置中的决定性作用，推进权利平等、机会平等、规则平等，打破社会事业领域中的行业垄断和市场壁垒，鼓励社会投资，扩大教育公共产品的有效供给。同时，我国公办教育办学形式单一、机制僵化，亟须引入社会力量激发活力，这些都为民办教育提供了良好的发展环境。

（3）教育个性化需求涌现

随着消费结构转型升级的加快，人民群众对高质量、有选择性和个性化的教育需求持续增加，比如岗前资质培训、课外教育及出国留学预备教育等，但我国现有的教育服务能力还不能很好地适应这些变化，迫切需要扩大多样化的教育服务供给。与此同时，相当数量人口的受教育层次还较低，在农民工的工资决定中，工作经验起着更为重要的作用，技能增长主要通过干中学和熟练程度提高来实现，城市失业、待业人员也难以转变成有效的工业劳动力供给，迫切要求扩大教育资源，促进机会公平，进一步畅通社会成员纵向流动的渠道。总之，不论是满足个性化教育需求，还是提高教育整体层次，民办培训教育都将大有用武之地。

3."互联网＋"民办培训教育的变革兴起

（1）小而美是精华

随着互联网技术的发展与进步，其便利性会更加明显地体现在民办培训教育的方方面面。首先，个体自由教师或者教师工作室会越来越多，他们以线上与线下相结合的方式教学；其次，专职于某一教育培训领域的专业服务机构会越来越多，如舞蹈机构、留学英语培训机构等；再次，教育培训的内容也将得到全面拓展与更新，适合各层次学生的诸多前沿知识都能够及时地进入课堂；最后，网评会成为现代教育教学管理工作的重要手段，学生通过网络平台，给教师的教育教学打分，教师通过网络途径给教育行政部门及领导打分，而行政机构也通过网络大数据对不同的学校、教师的教育教学活动及时进行相应的评价与监控，确保每个学校、教师都能获得良性发展。

（2）移动是大方向

随着移动终端尤其是智能手机的用户越来越多，无线网络覆盖面越来越广，上网速度越来越快，各大互联网企业也不断培养着用户使用移动终端娱乐、消费、社交、阅读等习惯，民办培训教育尤其是在线教育的移动化也是大势所趋①。事实上，大多数在线教育产品都已经拥有或者正在研发平板电脑和手机版本，甚至有些产品将主要精力放在移动终端上，如题库类产品猿题库。

（3）免费是总趋势

世界就是一个交叉补贴的大舞台，某一产品被使用了其费用总归是要有人付的，也许是用付费产品来补贴免费产品，也许是日后付费来补贴当前免费，也许是付费人群来给不付费人群提供补贴。事实上，随着互联网技术的深入，目前中国民办培训教育领域，尤其是在线教育领域存在各种免费的现象。有的试用免费，正式购买付费；有的前期付费，一段时间后免费；有的部分产品免费，吸引

---

① 管佳、李奇涛：《中国在线教育发展现状、趋势及经验借鉴》，《中国电化教育》2014 年第 8 期。

用户，其他产品付费；有的基础服务免费，个性化、定制化服务收费；有的资源免费，广告收费或者平台入驻收费；有的甚至为了吸引人流量，几年内不盈利，各种免费措施不一而足。另外，题库类、工具类、资源类等提供内容的机构会越来越多，而这些内容都会趋近免费。

三 民办培训教育的问题困境与对策建议

近年来我国民办培训教育行业的发展渐入佳境，不仅培育了一批在国内外业界知名的民办培训教育机构，而且还以优秀的教学业绩和突出的经济效益表现，成为我国教育大事业不可或缺的重要组成部分。然而，时至今日教育部梳理的"民办教育十个问题[①]"仍然未得到充分解决，新常态、新时代下市场、政策的变化无疑又给民办培训教育带来了不少全新的挑战，需要法律法规与政策规制的有效破解。

（一）民办培训教育的问题困境

1. 体制机制有待创新

（1）民办培训教育机构的属性与地位亟须明确

民办培训教育在实践中存在两种以上法人形式，合法地位尚未得到落实。虽说同为教育体系的组成部分，但目前"公办"与

---

① 时任教育部副部长鲁昕在中国民办教育协会年会（2011 年，云南）讲话中说，教育部梳理的民办教育发展十个问题包括民办培训教育机构法人属性、产权、教师权益、营利与非营利性质、优惠政策、政府服务等。

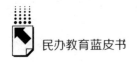
"民办"的界限和功能定位在政策与社会层面上都不太清楚，关系也没有理顺，社会对民办培训教育的偏见性思维依然存在。且民办培训教育机构的教师在身份和社会保障方面，与公办学校的教师也存在一定的差距。

必须大力推进民办培训教育机构的营利和非营利分类工作，同时解决合理回报问题。民办培训教育面临的核心问题是现有的相关法规政策未将民办教育的投入严格区分为投资和捐资，未将由此形成的民办教育机构严格区分为营利组织和非营利组织，而是基于捐资办学和非营利组织的假设前提制定的[①]。正因如此，现阶段对合理回报的认识和实践都还没有完全统一到《民办教育促进法》的立法本意上来，民办培训教育的公益性时常受到损害，社会资金的流入也受到限制，与此相适应的会计制度和税务制度也较为匮乏。

民办培训教育在改善教育民生和促进教育公平上的作用有待加强。在基础教育阶段，尽管在"公办不择校、择校找民办"的发展格局下，就读民办培训教育机构是家庭的自主选择，但民众接受民办教育主要在于民办教育服务好、质量高，且民众自身经济能力较强，这就对教育公平造成了一定的影响[②]。比如，流动人口子女，特别是农民工子女求学成本过高，接受较好质量教育的机会就相当有限。

（2）民办培训教育的制度健全性和具体化严重滞后

民办培训教育机构具有较为灵活的制度空间，但其中也隐藏了不少政策风险。民办培训教育恢复办学后，为调动举办者的办学积

---

① 吴霓：《我国民办教育发展的现状特点、问题及未来趋势——基于统计数据和政策文本的比较分析》，《教育科学研究》2015 年第 2 期。

② 单大圣：《经济新常态下民办教育发展的新思路》，《浙江树人大学学报》2015 年第 3 期。

极性，2002 年《民办教育促进法》规定民办培训教育机构出资人可从办学结余中取得合理回报，从而在事实上产生了四类民办培训教育机构，即捐资举办的民办培训教育机构、举办者要求所有权但不要求合理回报的民办培训教育机构、举办者不放弃所有权同时要求取得合理回报的民办培训教育机构、经营性的民办培训教育机构①。这种复杂的局面实际上隐含着许多深层次矛盾和政策风险，导致一些民办培训教育机构采取短期行为和投机行为，干扰了办学秩序，损害了师生权利，影响了民办培训教育市场的健康发展。

民办培训教育的现有政策虽然覆盖面较广，但缺乏具体的实施细则，程序化落实的步骤还有待加强。例如，在用地优惠、税收优惠、捐赠奖励、信贷优惠、资金扶持、合理回报、产权归属、表彰奖励、地方制定扶持与奖励措施等方面，国家还没有出台详细可操作的政策措施。且因为与其法人属性的认定和营利、非营利界定等实际问题相关，民办培训教育机构优惠政策的执行和落实还有一定难度，与理想目标还存在较大差距。

（3）针对民办培训教育的政府服务仍需升级

政府习惯以管理公办学校的方式来管理民办培训教育机构，直接干预其内部微观管理，使民办培训教育机构在招生、专业设置和收费等方面受到较多限制，政府对其缺乏系统有度的把控，极大地影响了民办培训教育机构的办学积极性和市场灵活性。

在财政支持上，民办始终不能与公办相提并论。目前，我国民

---

① 单大圣：《经济新常态下民办教育发展的新思路》，《浙江树人大学学报》2015 年第 3 期。

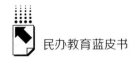

办教育经费主要依靠学费收入，财政支持比重很小①，存在强度不够、未制度化、未分类支持等问题。

2.内部管理困境仍需重视

（1）人员的变动与流失影响民办培训教育机构的可持续发展

在互联网教育的冲击下，不少资深的民办培训教育机构核心高管相继离职。一方面，这会影响领导战略的持续性，即便是总战略不动，实施战略的具体方法也会有所差异；另一方面，新领导会有新的领导方式，员工又需要一定的时间和精力去适应，难免会影响效率的提升。

在团队建设方面，传统培训教育行业的员工流失现象一直以来都很严重。一是因为民办培训教育机构的员工，尤其是教师的身份地位与社会价值未得到公平认可；二是在国家鼓励创业的号召下，越来越多的员工选择了"走出去，创起来"的道路。

（2）民办培训教育机构的教学服务质量体系有待优化

民办培训教育机构的教学质量有待提高，教学特色的鲜明性也有待提升。我国民办培训教育机构主要是自筹办学经费，主要来源于学生的学费和不稳定的社会捐助，一般只能维持"简单再生产"，而难以进一步改善办学条件。受当前体制机制的影响，民办培训教育机构也很难建立稳定的专职教师队伍。特别是一些民办高校，常常处于"在录取批次上靠后、在录取分数上较低、在生源质量上较差②"的状态。而且，民办培训教育领域仅仅关注产品的

---

① 王善迈：《民办教育分类管理探讨》，《教育研究》2011年第12期。
② 吴霓：《我国民办教育发展的现状特点、问题及未来趋势——基于统计数据和政策文本的比较分析》，《教育科学研究》2015年第2期。

吸引力，对产品背后的服务和运营重视不够，导致好的产品没有带来好的客户体验，这对于教育资源来说也是一种浪费。

（3）民办培训教育机构的内部治理结构不够完善

民办培训教育机构中普遍存在家族化管理现象，缺乏权力制衡机制和风险防范机制，管理粗放、平庸，同质化倾向严重[①]。虽然一些机构形式上都实行董事会或理事会领导下的校长负责制，但受产权关系不清、法人财产权没有真正落实等因素的影响，不少民办培训教育机构在内部各类权力主体之间仍不同程度地存在"分工不明、关系不顺、程序不清"的现象。而且，民办培训教育机构内部监督普遍缺失，未形成有效的权力制衡机制，也导致一些重大决策的盲目性、随意性及内部管理的无序性、低效性。

3. 互联网时代的新挑战

（1）传统民办培训教育机构转型面临艰难的挑战

互联网的技术变革使得在线教育兴起，相比传统的线下培训教育，在线教育具有明显的跨时空便捷性。此种背景下，传统民办培训教育机构或多或少面临着转型的需求，而这一转型是对思维、用户及资金的多重考验。此外，2015 年在线教育企业数量已达顶峰，这对传统民办培训教育机构的转型来说又是利空。

民办培训教育机构的管理层思维必须转变，积极接受互联网带来的挑战，充分把握互联网带来的机遇。民办培训教育机构在互联网环境下转型的关键是人的价值观的转变。

---

① 吴霓：《我国民办教育发展的现状特点、问题及未来趋势——基于统计数据和政策文本的比较分析》，《教育科学研究》2015 年第 2 期。

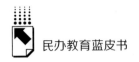

传统民办培训教育机构在转型成功之前，一般很少有风投看中并进行巨额投资，而传统机构多数元老并不想放弃既得利益去冒险，这直接导致了机构在转型过程中面临"现金流"威胁。2014年财报显示，新东方、学大教育以及好未来等传统教育机构利润锐减，甚至出现了亏损。在互联网风暴下，可预见的是还会有一大批传统培训教育机构面临窘境。

此外，有些传统的民办培训教育机构在转型过程中会遇到之前从未触及过的领域与技术，这肯定会对机构的运营提出更高的要求，稍有不慎，整个机构可能会面临巨大的经营风险。

（2）新型在线民办培训教育仍存在较多问题

目前做在线教育开发的公司对用户的学习需求定位不明确，即没有真正做到用户的痛点需求，没有做到因材施教、因人施教。而且，在线教育缺乏的是学生的在场体验感，完全脱离线下教育的培训教育无疑是不完美的。

在线教育的推广也是多面受阻。从老师层面来看，一般以完成自己的教学计划为主，在线教育多关注与教材相配套的，且更多需要通过家长完成；但就家长层面而言，又要控制孩子上网时间。

（3）线上教育与线下教育应有机结合

俞敏洪在阐述新东方在线教育战略时表示，教育是线上线下紧密结合的事情。未来会有很多纯线上机构，线上与线下机构擅长的领域各不同，互联网的作用就是将这两者结合起来①。然而，当前

---

① 俞敏洪：《教育需要线上线下紧密结合》，腾讯科技，http：//edu. qq. com/a/20141119/040207. htm，2015 年 11 月 20 日。

的状况是除了民办培训教育界实力较强的几家机构外，其他机构线上教育与线下教育脱节都较为严重，往往是线上只重便利忽略了质量，而线下却没有将线上的优势借为己用。

4. 一些教育政策的双刃性影响

（1）考试分数的重要性需动态考量

随着国家人才选拔标准和相关政策的变化，考试分数早已不是人才评价的唯一标准，创新型人才的培养是当前社会各方（无论是公办教育还是民办教育）需要考虑的重点。因此，一些以应试教育为主要目标的民办培训教育机构在未来发展中，很大程度上会走上教育培训理念的调整与产品的转型之路。而且，一旦有更多素质性的软考核标准出现，考试分数的重要性势必会降低，难免会减少家长、学生对民办培训教育的需求。

（2）民办职业教育应抓住高等职业教育体系建设的机会

在国家鼓励企业兴办职业教育，以及当前国家教育部建设职业教育体系的改革方向下，国家普通高等院校1200所学校中，将有1999年大学扩招后"专升本"的600多所地方本科院校转向职业教育[①]，届时，职业技术人才将占到高等教育总量的70%～80%。民办职业教育应抓住职业教育改革的机会，成为这一体系中的一员，而不是被淘汰。

（3）学科类政策对部分民办培训教育机构的不利影响

取消奥数、降低中高考数学考试难度等政策对数学培训领域曾

---

① 光明教育：《高教改革确定：600多所本科高校转向职业教育》，http://edu.gmw.cn/2014 - 05/10/content_ 11276543. htm，2015年11月20日。

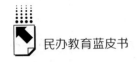

一度带来近乎毁灭性的打击。如何研发更科学的产品，降低国家政策等外部环境因素对自身机构的影响，是所有民办培训教育机构应该思考的问题。

（二）推进中国民办培训教育创新和健康发展的政策建议

在全面深化创新改革的背景下，在民办培训教育发展的关键期，要突破民办培训教育发展的瓶颈，实现创新、健康、有序的发展，将人口红利转变成人才红利，我们就必须在党的领导和《国家中长期教育改革和发展规划纲要（2010～2020年)》的指引下，科学转变发展观念、完善教育顶层设计、创新民办培训教育体制机制、完善民办培训教育扶持制度、加快现代民办学校制度建设、提高民办学校教育教学质量、利用互联网时代的民办培训教育发展机遇，为最终形成以政府办学为主体、全社会积极参与、公办学校和民办学校共同发展的格局助力。

1. 科学把握民办培训教育的历史地位

（1）充分认识民办培训教育的地位与作用

民办培训教育的存在增加了教育供给方式的多样化和选择性，为更多青少年提供了接受教育、选择学校、选择教育内容的机会，为经济建设和社会发展培养了一批急需的适用人才。此外，由于其办学机制的灵活性，民办培训教育在吸引社会教育力量、吸纳社会教育资金上具有天生的优势，对优化教育资源、增加教育投入也起到了很大的作用。在推进教育和教学改革方面，民办培训教育更是以饱满的市场竞争斗志取得了教学质量和办学效益的全面提升，有利于为经济社会发展服务的中国特色社会主义教育体系的建设。

（2）加强民办培训教育的理论内涵研究

没有理论的实践是盲目的实践，目前各地对民办培训教育的研究远远落后于民办教育的发展。应大力鼓励和积极探索民办学校的创新之路，通过研究，总结经验，扬长避短，校正偏差，使民办教育不断吸取国内外最新理论成果，不断丰富发展的内涵，成为中国特色社会主义教育理论的重要组成部分，并沿着健康的道路发展。

（3）统筹公办、民办教育的发展

统筹公办教育和民办教育的发展，切实营造各类学校间公平竞争环境和多元办学大格局。按照"五独立"原则①，对公办学校参与举办民办学校做切实的规范。根据建立社会主义市场经济体制的总要求，深化和加快我国教育的投资体制、管理体制、办学体制的改革，有效吸纳更多的社会资源进入教育领域。在明晰产权的前提下，鼓励以完全民办、公办民助、公办民管、民办公助、公办改制以及中外合作等多种形式办学，形成多元体制办学的大格局。

同时，调整完善教育总体布局结构，确保符合条件的民办学历教育学校的招生、办学规模；支持地方政府将高等和中等职业教育扩招的部分任务主要交给民办教育；在各级各类教育规模中，积极稳妥地增加民办教育所占的比重。

2. 持续创新民办培训教育的体制机制

（1）建立民办学校分类管理制度

关于民办学校的注册和监管，政府应从以下三个方面展开工

---

① "五独立"是指按照《民办教育促进法实施条例》第六条的规定，即具备独立的法人资格、具备与公办学校相分离的校园和基本教育教学设施、实行独立的财务会计制度、独立招生、独立颁发学业证书，真正成为独立的办学实体。

作：第一，审核注册单位是否具备办学入门条件。不具备办学条件者不予注册，已经举办的学校不完全具备办学条件者，应限定期限达到规定的办学条件；第二，进行财务监管，其主要内容应是办学节余的使用去向和学校资产所有权的归属，财务监管应每个会计年度进行，并由独立的会计事务所审计；第三，教育法规政策的监管，营利和非营利两类学校尽管性质不同，但都必须遵守国家教育的相关法规，执行国家的教育政策。根据后两项监管的结果，对民办高校实行分类归属，并进行调整变更。对教育质量的评估应由独立的教育评估机构进行。

然而需要注意的是，在民办教育分类管理的初级阶段，介于营利与非营利学校之间的第三类民办学校也应当被支持①。在坚持实施营利性和非营利性民办学校分类管理基本方向的基础上，对于已经存在的民办学校，可以暂不要求对其进行非此即彼的分类。但是，应从国家制度层面制定营利性和非营利性民办学校的界定标准，并着力在两类学校的鼓励扶持政策和管理办法上建立起完整的配套规章，鼓励各地在执行国家标准、基本政策和办法的前提下，结合各自实际创新实践，对于所有新建民办学校要依照新规章明确做出营利性或非营利性的选择，并依照新的办法进行扶持和监督管理。原有民办学校也可以对照新的制度办法，自愿向审批机关提出申请，自主选择营利性或非营利性学校系列，也可以选择维持现行运行模式。

---

① 潘懋元、邬大光、别敦荣：《我国民办高等教育发展的第三条道路》，《高等教育研究》2012 年第 4 期。

（2）拓宽公共经费资助民办教育的渠道

借鉴国外成功经验，建立各级政府公共财政资助民办教育的制度，努力拓宽公共经费资助民办教育的办法和渠道。将公有闲置房屋、校舍、设施低价租赁给有条件的民办学校办学。

鼓励以教育股份合作制的方式广泛吸纳国内外资金。"教育股份合作制"民办学校，是指多元化投资主体利用非国家财政性教育经费举办的不以营利为目的，但主要以股份形式界定产权归属的、具有独立法人地位的学校，是解决"教育不以营利为目的"和"资本的寻利性"之间矛盾的有效途径[①]。股份制民办学校实行董事会领导下的校长负责制，确定了所有权与经营权分离的运行机制。在实际操作中，只要规定学校的盈利大部分用于滚动发展，小部分用于对投资者的回报，那么就既可以体现"不以营利为目的"的原则，又能以合理回报的方式吸引社会力量投资办学，达到一举多得的效果。此外，还应鼓励金融机构运用信贷手段，甚至尝试以发行"教育彩票"的方式募集资金，支持我国民办培训教育事业的发展。

（3）建立定期评估体系

评估是一种导向，也是对学校工作的一种鞭策和激励。建立评估体系和退出机制，是教育主管部门和民办教育领域专家学者的共识。《教育规划纲要》第四十四条也对此做出部署："加强对民办教育的评估。"美国教育体系的评估系统分为内部评估和外部评

[①] 顾美玲、王志强、刘莉：《四川民办教育的发展趋势与对策研究》，《四川师范大学学报》（社会科学版）2002 年第 6 期。

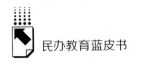

估，对私立学校和公立学校同等适用。

内部评估的方式很多，主要包括教师评估、管理者评估、课程质量评估、学位计划评估、学生评估等；外部评估主要包括院校鉴定、专业鉴定和大学排行等。目前我国民办教育可参照公办教育的评估办法，再结合国外教育评估系统的一些具体做法，形成适合自己的评估系统。评估制度应该定期化以及时帮助学校总结经验、提出不足，鼓励引导学校加强内部管理，提高教育质量。

3.持续完善民办培训教育的扶持制度

（1）做好民办学校分类管理的制度保障

明确规定两类民办教育机构的法人性质。对于非营利性民办教育机构定性为事业单位法人或民办非企业法人，对于营利性民办教育机构定性为企业法人，分别在民政部门和工商部门注册。

明确规定两类民办教育机构的收益权和财产权。对于非营利性民办教育机构，应明确其不具有收益权和财产权，可按照现有民办教育机构有关法规执行。为鼓励捐资办学，对非营利性民办教育机构举办者可以给予适当奖励。对营利性民办教育机构可按企业收益权和财产权相关制度设计，享有收益权和财产权，由于教育服务的正外部性，为提高民间投资教育的积极性，可参考国家产业结构政策中高新技术企业和外资企业相关规定给予政策优惠。

制定在征税对象、税目、税率上都有所区别的税收制度。现有的有关税收法规是针对非营利性民办教育机构制定的，应继续执行，现有教育法规和税收法规不统一之处可进行调整，以便规范和统一。对于营利性民办教育机构，应按现行税法规定照章纳税，税收优惠政策需由财税和教育部门制定，以填补空白。

（2）探索财政资助民办教育的新模式

鉴于民办高等教育是具有正外部性的准公共产品，建议将政府财政经费资助民办教育作为一项稳定的制度，加强政府对于民办教育的财政干预，解决政府公共财政经费投入后民办学校的产权问题，加强政府公共财政经费投入后的监管，完善促进民办教育发展的税收优惠政策。

就财政支持方式而言，可采取直接支持和间接支持两类。直接支持是指财政对民办学校的直接拨款，主要包括基本支出补助（维持基本运行）、专项支出补助（用于改革发展）、奖励性补助（引导优胜劣汰）、科研支持、学生资助（资援贫困生）。间接支持是指政策扶持与税收减免在内的资助，通过土地、税收优惠等方式对民办高校实施间接的经费支持，主要包括学校教育用地优惠、闲置国有固定资产（建筑物和大型设备）转让优惠、税收优惠（建议对营利性学校的各项税收优惠应低于非营利性学校，且税收优惠的项目应与非营利性学校有所区别）、社会捐赠等。

在资助方式的创新上，也可以参考借鉴科技型企业"创新券"的做法，以后补贴、奖优秀的方式提高政府财政投入的回报率。建议将一定数额的财政资金以"优师教育券"和"优生创新券"的方式直接分配给民办学校及学生，年终学校或学生以当年的教育或创新成果拿券兑换现金。至于"教育券"或"创新券"的具体发放范围和方式，可以由地方政府依据自身实际情况决定。

（3）完善并落实相关配套法律法规

从法律上保障民办学校权益，进一步完善各项管理制度和法

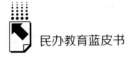

规，消除各种显性和隐性的壁垒，为民办教育的发展扫除制度障碍。一是通过系统修法，确立民办学校法人属性和法人地位，为相关财政支持、税费优惠、教师地位和待遇、学生权利等问题的落实提供法律保障；二是加快《民办教育促进法实施条例》《教师法》等法律的修订工作，对制约民办教育发展的相关内容进行修改；三是从财政、税收、土地、收费、招生、贷款、社保等方面建立并完善配套政策和制度体系。

就当前需求紧迫度而言，首先要积极落实民办学校税收优惠政策。对选择登记为非营利性的民办学校，要求其收费纳入财政预算外资金专户管理，享受与公办学校相同的税收优惠政策；对选择登记为营利性的民办学校，征收企业所得税；出资人将营利性收入用于学校发展的，允许作为再投入计入其出资额，返还相应的税款；对从事非学历教育的公益性民办学校提供教育劳务取得的收入，免征营业税。逐步改变现行以"由国家财政部门拨付事业经费"或"经费纳入国家财政专户管理"作为享受税收优惠学校条件的做法。

其次，要尽快完善民办教育的奖惩体系。建议成立促进民办教育可持续发展的专项基金，对于有意向进入教育领域的民间资本，应出台相应的优惠政策，降低投资门槛。对于一些为促进民办教育可持续发展做出努力贡献的投资者、法人组织应提供各种奖励，提高民办教育的社会信誉，拓展民办学校的收入来源。地方政府应通过缓税、减税、免税等税收优惠政策尽可能地减少民办学校的税费负担；对于社会口碑较好、教学质量优良的民办学校，可通过教师补贴以及学生补贴的形式予以奖励。

4. 全面加快现代民办学校的制度建设

（1）转变政府管理职能

政府对民办教育的管理不能简单地以行政手段代替市场行为，也不能以管理公办学校那一套来管理民办学校，必须转变职能，使办学重心下移，形成以学校自主办学为主的办学机制。各级政府要切实将过去主要依靠行政管理手段，转到既通过市场机制推动民办教育的发展，又主要综合运用法律手段、行政手段、经济手段、资助政策、政策引导等宏观管理的手段上来。

简而言之，政府对民办教育的管理主要抓三点：一是要建立健全民办学校的审批制度，严格按照各类学校的设置标准、审批权限、审批程序审批民办学校；二是要积极培育有权威性的社会中介组织参与对民办教育的管理，中介机构既可加强对民办学校办学水平和教育质量的监督与评估，又可沟通民办学校与社会、民办学校与教育行政部门、民办学校之间的关系，还可以向民办学校提供咨询和信息服务；三是要形成"优胜劣汰"的竞争机制，对于"倒闭"的民办学校，要制定恰当的处置办法，尤其要探索在"资不抵债"的情况下如何恰当处置的办法。

具体而言，教育行政部门要逐步放松对民办学校招生计划、招生方式、专业设置与调整的管制，强化行业自律管理，落实民办学校办学自主权；政府则集中精力做好宏观指导、政策促进和行业管理，主要是严格执行民办学校准入和办学许可制度，对民办学校教育教学实行业务指导和宏观管理。民办学校要完善自身治理机制，实行理（董）事会领导下的校长负责制，理（董）事会作为学校的决策机构，应由社会贤达、教育专业管理人员、举

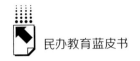
办者代表、学生（家长）代表、教职工代表及社区代表等组成，以体现社会公益性和代表性。理（董）事会定期商议学校发展的重大事项，确定校长人选，但不得随意干涉校长工作。建立健全监事会、工会、党团和教职工代表大会等组织机制。培育一批具有崇高教育理想、真正懂教育的教育工作者，推动教育家办民办教育。

（2）落实民办学校法定办学自主权

民办学校实行校本管理、创建特色名校的关键在于落实学校的办学自主权，学校只有具备自己的独立品格，才可以与时俱进，成为现代教育的建设者，成为知识创新的主要场所，从而实现可持续发展。为此，要多方面落实民办学校的法定办学自主权。

允许民办学校在合理规模内自主招生，各地不给民办学校跨区域招生设置障碍。改变按照公办学校模式确定民办学校招生指标的做法，以其办学条件为主要依据，核定办学总规模，由民办学校自主确定每年的招生计划、招生范围、招生标准和方式，教育行政部门按照核定的其办学规模对注册人数进行认可。

允许民办学校根据国家课程标准自主选择或编写教材①，自主设置课程和专业，自主开展教学试验。选择办学质量高、信誉好的民办高校进行自主考试、自主招生、自主颁发学历证书的试点。允许符合办学条件的民办学校自主设置专业、开设课程（实施义务教育民办学校的教育教学活动应达到国家规定的课程标准）、选用教材（报教育行政部门备案），积极鼓励广大民办学校办出各自的

---

① 周海涛：《以深化综合改革增强民办教育发展活力》，《教育研究》2014 年第 12 期。

特色。

完善收费制度，除普惠性民办学校（幼儿园）及与政府签订购买服务协议、接受政府资助协议等非营利性的民办学校外，坚持按质定价、优质优价的原则，允许营利性民办学校自主确定收费标准，依照市场机制办学。同时，落实民办学校法定收费权，改变目前学历教育民办学校收费审批制度，由民办学校自主确定收费标准和项目，报主管机关备案。采取合理、合法方式引导某些民办学校，扭转不合理、高收费现象。

（3）维护教师合法权益

一个学校拥有好老师是学校的光荣，教师权益保障不力是当前影响民办学校质量提升的一个瓶颈[1]。提高民办学校教师社会保障水平，维护教师权益，既有助于稳定现有教师队伍，又有助于抓住在教育开放和国际化背景下吸引优秀人才、为教师队伍注入新活力的历史机遇。

保障教师权益，一是要完善民办学校教师的社会保险制度，研究建立政府、学校、个人等各方面合理分担的社会保障机制，逐步推动提高民办学校教师与公办学校教师同等社会保障水平，解除履职中和退休后的后顾之忧；二是要保障和落实民办学校教师在资格认定、职称评定等方面与公办学校教师享有同等权益；三是要在政府组织的各类评优评先、奖励激励、科研项目申请等方面，向民办学校平等开放；四是要将民办学校教师培养培训和考核评价等方面纳入统一规划，鼓励民办学校与

---

[1]　周海涛：《以深化综合改革增强民办教育发展活力》，《教育研究》2014 年第 12 期。

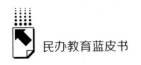

公办学校开展教师交流，提高教师人才资源的共享水平和使用效率。

同时，建议成立县级以上民办学校教师人事代理机构。其功能为：为符合条件的民办学校教师实行人事代理，统一管理其档案；合格教师按事业身份对待；落实其教师资格认定、职称评定等事项；建立教师人才库，依法享受与公办学校教师同样的社保政策，所需费用由政府、学校和教师个人合理分担，政府争取承担其中一半左右的比重；允许公办学校教师停薪留职进入民办学校，连续计算工龄，支持教师在公办学校和民办学校间的合理流动。

5.有效提高民办培训学校的教学质量

（1）兼容质量与特色优势

教学质量是学校的生命，教学质量高，学校才能够生存；特色是学校的灵魂，特色鲜明，学校才能够长远发展。因此，要先有质量意识、特色意识，而后提升质量、开发特色。

民办学校应充分发挥办学自主权的优势，对自己进行准确定位，充分利用现有的有限资源，培养优质的师资队伍，形成教育教学核心技术，在某些特定领域中突出学校的专业化优势，满足人们对差异化教育的迫切需求，培养核心竞争力，打造独具特色的教育品牌，促进学校的可持续发展。

另外，民办学校还要加大教育教学改革力度，全面实施素质教育，要以学生为本，因材施教，以提高教学质量为核心，促进学生德、智、体、美等方面全面发展，从而做到"以质量求生存，以特色促发展"。

（2）加强师资队伍建设

师资是实现民办学校可持续发展的基础，要努力打造一支素质优良、数量充足、老中青相结合的专兼职教师队伍。应抓住有利时机，大力引进高层次、高素质人才，提升整个教师队伍素质；应制定科学、合理的教师职务晋升体系，加强教师培养和培训力度，选派学校骨干教师到一些科研机构或者重点大学深造，积极引导教师晋升高级职称，确保学校的高级教师职务占有较大比重；应不断提高学校教师的工资待遇水平，制定工资正常增长机制，尽量保证学校教师的工资水平与公办教师绩效工资政策下的工资待遇持平。

同时也要注意培育民办学校中的人文气息，形成"教师—专家—大家"和"学生—人才—名校"之间的良性循环。人文气息浓厚，则师生和、同学和；与天地和，与社会和。

（3）健全学校治理体系

我国民办学校发展需要把外部冲击转为内在逻辑推动，包括观念的转变、体制的转型和机制的转换，科学规范的内部管理制度能有效推动学校整体实力快速提升，释放转型中的"制度红利"。创造这一制度红利，一是要健全规范民办学校内部管理机制，克服民办学校办学行为的随意性，改变当前民办学校家族式、家长式的粗放管理模式，切实形成规范、科学的办学机制；二是要完善学校董事会制度，民办学校要建立健全决策机制，逐步推进监事制度，规范和落实成员构成、议事规则、运作程序等要求，依法制定学校章程，推行民主管理，保障校长行使独立管理教育教学的职权，充分发挥学校教职工代表大会民主监督、参与学校

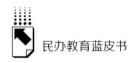

管理的重要作用；三是要健全民办学校会计核算办法、资产管理制度、财务监管制度、校务公开制度，避免民办教育办学行为的短期性和随意性。

6. 冷静应对"互联网＋"时代的机遇与挑战

（1）坚持教育为体

无论技术如何发展，教育才是最终的核心目标，互联网只是用来提升和变革教育的技术手段。因此，要时刻坚持"教育为体、互联网为用"的指导原则，从教育的核心需求出发科学合理地使用互联网。切忌过分夸大互联网的变革作用，防止不良信息、网络犯罪、网络沉迷等现象对教育造成负面影响，并及时通过健全法律、加强监管等方式净化互联网环境，让互联网更好地为教育所用。

（2）凸显思维教育

在"互联网＋"的时代更需要教育，人有了基础教育之后可以通过互联网解决很多问题。数字化的知识只是人类知识的一部分，从数据到信息是吸取的问题，从信息到知识是辨别真伪的问题，通过知识创新知识，所以"互联网＋"时代更需要教育，老师需要改进教育教学，学生需要在新教育环境中学习。因此，学校教育要敢于从知识教育向思维教育转变。面对"互联网＋"的冲击，学校教育与学校以外的教育应该有明显的分工，学校教育更多地承担起"授人以渔"的责任。而要想实现这一目标，学校教育就得在知识内容上删繁就简，将教育的核心从以知识为主的教育向以思维为主的教育转变。

（3）发挥市场主体作用

"互联网＋"是发展的"风口"，顺势而为是最佳的选择。新兴互联网教育企业是"互联网＋"时代改革教育的重要力量，要充分尊重并保护其自主地位，避免在政策层面对其进行多重限制，从而束缚这一新生力量的发展。同时，为了避免互联网企业、高校、中小学进行重复的低水平建设，政府的宏观引导和调控也必不可少。

发 展 篇

Report on Private Education Development

B . 2

全国、各省各级各类民办教育的新进展

李 楠*

摘 要： "十二五"期间，民办教育的改革与发展以充分发挥市
场作用为契机，进一步推进民办教育相关保障政策的落
实，总结民办教育发展的经验，逐步探索建立民办学校
分类管理的制度，有效地营造了我国公办教育和民办教
育共同发展的良好格局。

关键词： 民办教育 政策与制度创新 分类管理

---

* 李楠，女，中国教育科学研究院教育发展与改革研究所助理研究员。

伴随着《教育部关于鼓励和引导民间资金进入教育领域促进民办教育健康发展的实施意见》的落实，以及十八届三中全会关于市场在资源配置中决定性作用的确立，民办教育改革和发展的政策舆论环境得到明显改善，全国各级各类民办教育取得了良好的新进展。

一 中国各级各类民办教育的新进展

（一）中国民办教育规模发展状况

在国家鼓励民间资本进入教育领域政策的影响下，我国各级各类民办教育得到较大的支持，同时也促进了民办教育的健康发展，越来越多的社会力量参与到提供教育服务的过程中。2013 年，全国民办教育的整体规模继续呈扩大趋势发展，各级各类民办教育的发展规模也逐渐壮大，办学条件也逐渐改善。

1. 中国民办教育总体发展概况

（1）民办教育总规模持续增长

"十二五"以来，随着民办学校运用市场机制配置教育资源更加灵活，民办教育的总规模继续扩大，学校数、招生数、在校生数均呈逐年增加趋势（见图 1 和图 2）。2013 年，全国共有各级各类民办学校（教育机构）14.90 万所，比上年增长 6.50%；招生数 1494.52 万人，比上年增加 2.78%；在校生数达 4078.31 万人，比上年增加 4.28%。另外，还有其他民办培训机构 2.01 万所，943.56 万人次接受了培训，民办培训机构数与上年基本持平，接受培训人次比上年增加 82.92 万人次。

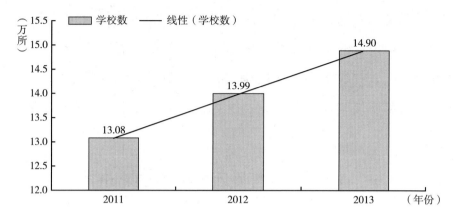

图1　2011～2013年各级民办学校数

注：以上数据包含民办幼儿园、中小学、中等职业学校、高等教育，不含民办培训机构。

资料来源：教育部：《2013年全国教育事业发展统计公报》，http：//www. moe. gov. cn/publicfiles/business/htmlfiles/moe/moe_633/201407/171144. html，2014年7月4日；教育部：《2012年全国教育事业发展统计公报》，http：//www. moe. gov. cn/publicfiles/business/htmlfiles/moe/moe_633/201308/155798. html，2013年8月16日。

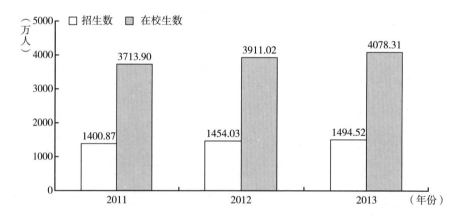

图2　2011～2013年各级民办学校招生数和在校生数

注：以上数据包含民办幼儿园、中小学、中等职业学校、高等教育，不含民办培训机构。

资料来源：教育部：《2013年全国教育事业发展统计公报》，http：//www. moe. gov. cn/publicfiles/business/htmlfiles/moe/moe_633/201407/171144. html，2014年7月4日；教育部：《2012年全国教育事业发展统计公报》，http：//www. moe. gov. cn/publicfiles/business/htmlfiles/moe/moe_633/201308/155798. html，2013年8月16日。

（2）学前教育仍为民办教育主要组成部分，民办在园儿童接近民办总规模的一半

2013 年，民办学前教育仍保持较快增长，在园儿童达到 1990.25 万人，占民办教育总规模的比例达到 48.80%，比上年提高 1.40 个百分点。在各级各类民办教育中，民办学前教育仍占据主要部分；其次是民办义务教育（占 26.75%）；民办高等教育占总规模的 13.67%；民办普通高中所占份额为 5.68%；而民办中等职业教育所占比例最低，仅为 5.10%，且比上年下降 1.10 个百分点（见图3）。

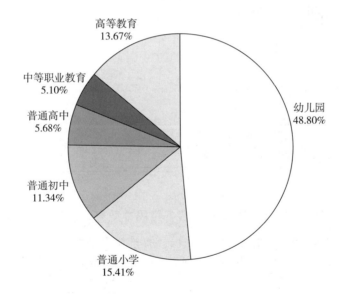

图3 2013年民办各级各类教育在校生占民办总规模的比例

资料来源：教育部发展规划司《2013 年全国教育事业简明统计分析》，《内部资料》，北京，2014。

（3）民办高中阶段规模缩小，其他各级民办教育规模均继续扩大

在各级各类民办教育中，2013 年除民办普通高中、中等职业

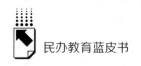

教育外，民办幼儿园、普通小学、普通初中、高等教育的在校生规模均比上年呈不同程度的增长。2013 年，民办普通高中在校生为231.64 万人，比上年减少1.41%，民办普通高中在校生占普通高中在校生总规模的比例与2012 年基本持平，为9.51%；民办中等职业教育在校生规模及所占比例均呈现继续萎缩趋势，民办中等职业教育在校生为207.94 万人，在校生规模下降明显，比上年减少13.67%，民办中等职业教育在校生所占比例为13.53%，比2011年、2012 年分别下降1.64 个、0.72 个百分点（见图4 和图5）。

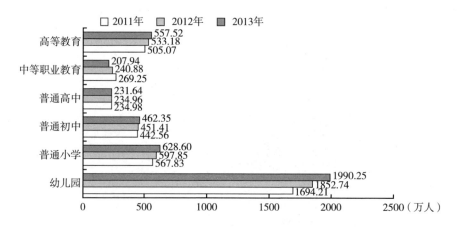

图4 2011～2013 年各级各类民办教育在校生变化

资料来源：教育部：《2013 年全国教育事业发展统计公报》，http://www. moe. gov. cn/publicfiles/business/htmlfiles/moe/moe＿633/201407/171144. html，2014 年7 月4 日；教育部：《2012 年全国教育事业发展统计公报》，http://www. moe. gov. cn/publicfiles/business/htmlfiles/moe/moe＿633/201308/155798. html，2013 年8 月16 日。

2. 全国民办学前教育发展概况

我国从2011 年实施"学前教育三年行动计划"以来，在国家着力通过多种途径增加普惠性学前教育资源的背景下，民办学前教

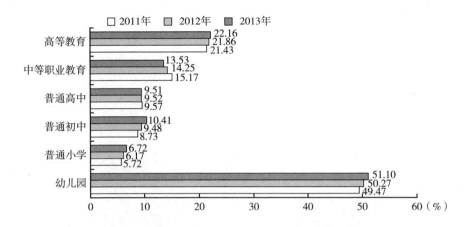

图5 2011～2013年各级民办教育在校生占同级教育在校生总数比例的变化

资料来源：教育部发展规划司《2012年、2013年全国教育事业简明统计分析》，《内部资料》，北京，2013、2014。

育也在迅速发展，其规模也在不断壮大。通过"学前教育三年行动计划"，各地新建、补建、回收了一批配套幼儿园，将其办成普惠性民办园；同时各地也分别通过补助生均经费、以奖代补、派驻公办教师、免费培训教师等方式扶持企事业单位办园、集体办园和普惠性民办园。

（1）民办学前教育规模快速扩大

2013年，民办学前教育规模继续呈逐步扩大趋势。2013年，全国民办幼儿园已达到13.35万所，比上年增加8813所，年增长率为7.07%；入园儿童为907.96万人，比上年增加42.34万人，年增长率为4.89%；在园儿童为1990.25万人，比上年增加137.51万人，年增长率为7.42%（见图6和图7）。[①] 同时，民办

---

① 教育部：《2013年全国教育事业发展统计公报》，http://old. moe. gov. cn/publicfiles/business/htmlfiles/moe/moe_ 633/201407/171144. html，2014年7月4日。

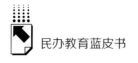

学前教育在园幼儿占全国学前教育在园幼儿总数的比例也继续增长，达到51.10%，比上年提高0.83个百分点（见图7）。

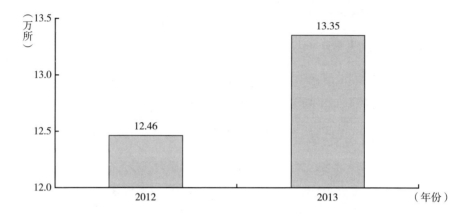

图6　2012～2013年民办幼儿园数

资料来源：教育部发展规划司《2012年、2013年全国教育事业简明统计分析》，《内部资料》，北京，2013、2014。

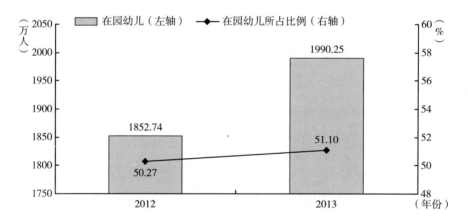

图7　2012～2013年民办在园幼儿数及占全国在园幼儿总数的比例

资料来源：教育部发展规划司《2012年、2013年全国教育事业简明统计分析》，《内部资料》，北京，2013、2014。

（2）农村民办学前教育在园幼儿规模及增长率均大于城市，但占学前在园幼儿总数的比例仍小于城市

2013年，全国民办学前教育城乡分布情况总体与上年保持一致，农村民办在园幼儿的总规模略高于城市，但占在园幼儿总数的比例却低于城市。2013年，农村民办学前教育在园幼儿呈快速增长，增长率高于城市，农村民办学前教育在园幼儿达到1180.10万人（比上年增长8.12%），而城市民办学前教育在园幼儿为810.20万人（比上年增长6.42%）。农村与城市民办在园幼儿所占比例均比上一年有所提高，农村民办在园幼儿占农村学前教育在园幼儿总数的比例为48.80%，比上年提高1个百分点；城市民办在园幼儿所占比例为61.50%，比上年提高0.60个百分点（见图8）。

就我国城乡民办学前教育的区域分布来看，东部城市民办学前教育的规模最大，而农村民办学前教育主要集中在中部地区。2013年，东部城市民办在园幼儿达到398.50万人，远多于中部和西部

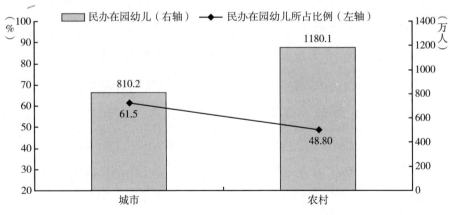

图8　2013年民办学前教育在园幼儿及所占比例城乡分布情况

资料来源：教育部发展规划司《2013年全国教育事业简明统计分析》，《内部资料》，北京，2014。

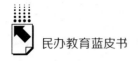

地区城市民办在园幼儿的规模；而农村民办在园幼儿则主要分布在中部地区，达到495.30万人（见图9）。

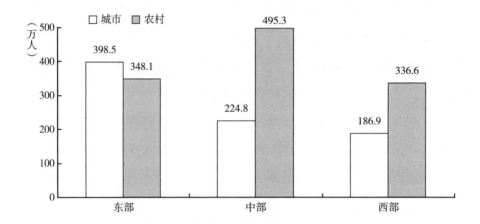

图9 2013年分区域民办学前教育在园幼儿城乡分布情况

资料来源：教育部发展规划司《2013年全国教育事业简明统计分析》，《内部资料》，北京，2014。

（3）西部民办在园幼儿增长最快，民办学前教育在园幼儿所占比例仍以中部居多

2013年我国西部地区民办在园幼儿规模为523.50万人，比上年增长9.20%，尽管西部地区民办在园幼儿的总规模不及东部和中部地区，但增长率却高于东部和中部地区，即西部地区民办学前教育规模在迅速扩大。同时，中部民办学前教育在园幼儿所占比例仍保持较高水平，达到59.90%，明显高于东部和西部地区（见图10）。

3. 全国民办中小学教育发展概况

2013年，我国民办中小学教育的发展仍趋于稳定，无论是学校数还是在校生规模变化均不明显。其中，民办义务教育规模略有

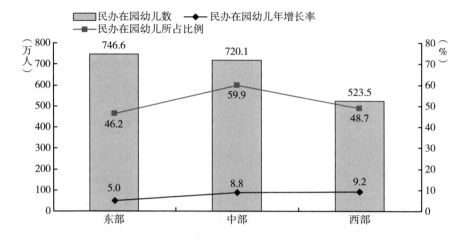

图10 2013年分区域民办学前教育在园幼儿规模、增长率及民办在园幼儿所占比例

资料来源：教育部发展规划司《2013年全国教育事业简明统计分析》，《内部资料》，北京，2014。

增加，民办普通高中规模与上年基本持平，民办初中在校生所占比例增长较快。分区域来看，西部地区民办义务教育在校生规模明显不如东部和中部地区，东部地区民办义务教育在校生规模增长最快。

（1）民办义务教育规模稍有增加，民办普通高中规模继续保持稳定发展

2013年，全国民办小学和初中的学校数、在校生数均比上年呈增加趋势，但增幅不大。2013年，全国民办小学、民办初中分别为5407所、4535所，比上年分别增长3.72%、4.66%；民办小学、民办初中在校生规模分别为628.60万人、462.35万人，比上年分别增长5.14%、2.42%。2013年民办普通高中规模继续保持稳定发展，与上年基本持平，民办普通高中学校数为2375所，仅

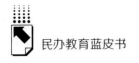

比上年增加4所；民办普通高中在校生为231.64万人，仅比上年减少3.32万人（见图11和图12）。

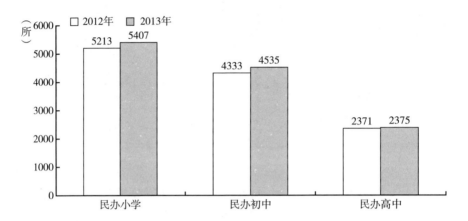

图11　2012～2013年民办中小学学校数规模变化

资料来源：教育部发展规划司《2012年、2013年全国教育事业简明统计分析》，《内部资料》，北京，2013、2014。

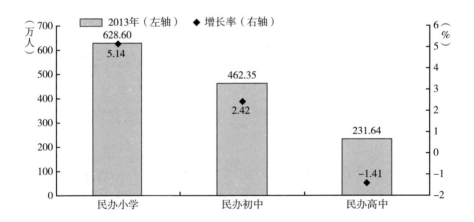

图12　2013年民办中小学在校生规模变化

资料来源：教育部发展规划司《2012年、2013年全国教育事业简明统计分析》，《内部资料》，北京，2013、2014。

（2）民办初中在校生所占比例较高且增长较快，民办普通高中在校生所占比例与上年相当

2013 年，在全国民办中小学中，民办初中在校生所占比例最高，达到 10.41%，比上年增长 0.93 个百分点，增长的百分点也高于民办小学和民办普通高中；民办小学在校生所占比例为 6.72%，比上年增长 0.55 个百分点；民办普通高中在校生所占比例为 9.51%，与上年基本相当，减少 0.01 个百分点（见图 13）。

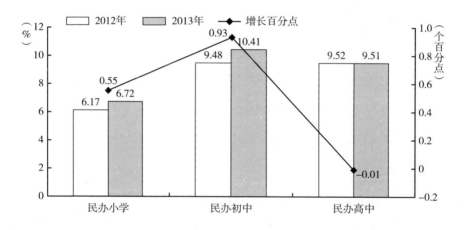

图 13　2012~2013 年民办中小学在校生所占比例及增长百分点

资料来源：教育部发展规划司《2012 年、2013 年全国教育事业简明统计分析》，《内部资料》，北京，2013、2014。

（3）东部民办义务教育在校生规模增长最快，中部民办初中在校生增速趋缓，西部民办小学在校生有所下降

分区域看，我国东部和中部地区民办义务教育在校生规模明显大于西部地区。2013 年，民办小学、民办初中在校生规模的增长均以东部地区增速最高，增长率分别为 8.16%、3.74%；中部地区民办小学、民办初中增速趋缓，分别比上年增长 3.71%、

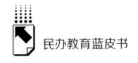

0.90%；而西部地区民办小学在校生继续呈减少趋势，比上年减少
2.75%（见图14）。

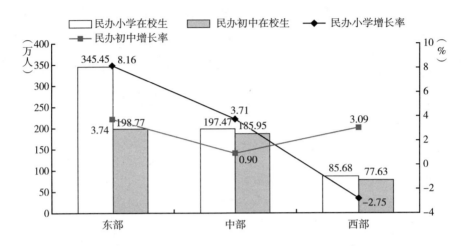

图14　2013年分区域民办义务教育在校生规模及增长率

资料来源：教育部发展规划司《2013年全国教育事业简明统计分析》，《内
部资料》，北京，2014。

4．全国民办中等职业教育发展概况

近年来，全国民办中等职业教育整体规模呈下降趋势，学校数、
在校生及在校生所占比例均持续下降。分区域来看，2013年中部民办
中职在校生所占比例下降最多。然而，民办中等职业教育的软硬件条
件却逐渐改善，民办中职学校教师的数量及质量均呈不断提高趋势。

（1）民办中等职业教育规模继续缩小

2013年，全国民办中等职业教育的学校数、在校生数均比上年
呈不同程度下降趋势。2013年，民办中等职业教育学校为2482所，
比上年减少167所，降幅达6.30%；民办中等职业教育在校生
207.90万人，比上年减少33万人，降幅高达13.70%（见图15）。

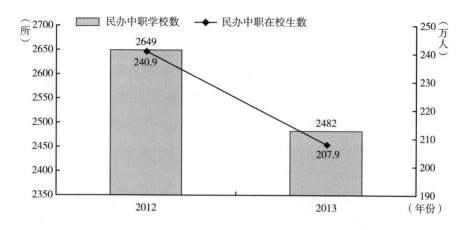

图15　2012～2013年民办中等职业教育规模变化

资料来源：教育部发展规划司《2012年、2013年全国教育事业简明统计分析》，《内部资料》，北京，2013、2014。

（2）民办中等职业教育在校生所占比例继续下降，中部地区民办中职在校生所占比例下降最多

2013年，民办中等职业教育在校生占全国中职在校生总数的比例为13.53%，继续维持下降趋势，比上一年减少0.72个百分点。分区域看，东部地区民办中职在校生所占比例仍保持最低，为10.01%，比上年减少0.78个百分点；中部、西部地区的比例均高于全国水平，分别为14.79%、16.76%，比上年分别减少1.12个、0.35个百分点，故中部地区民办中职在校生所占比例较上年下降最多（见图16）。

（3）民办中职学校办学条件逐渐改善

尽管民办中职教育的规模逐年下降，但民办中职学校办学条件有所改善。在硬件投入方面，2010～2013年，全国民办中职学校生均仪器设备费逐渐提高，2013年达到3660元，较上年增长21.64%（见图17）；在师资方面，民办中职学校教师数量及质量

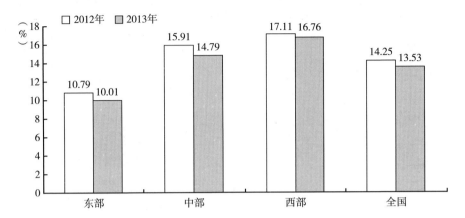

图16　2012～2013年分区域民办中等职业教育在校生所占比例

资料来源：教育部发展规划司《2012年、2013年全国教育事业简明统计分析》，《内部资料》，北京，2013、2014。

均有所提高，2010～2013年，民办中职学校生师比逐年下降，而直接反映其教师质量的双师型教师占专任教师比例却逐年提高，2013年达到21.60%（见图18）。

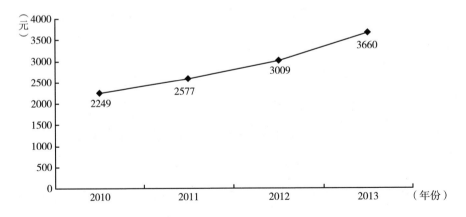

图17　2010～2013年全国民办中职学校生均仪器设备费

资料来源：教育部发展规划司《2010～2013年全国教育事业简明统计分析》，《内部资料》，北京，2011～2014。

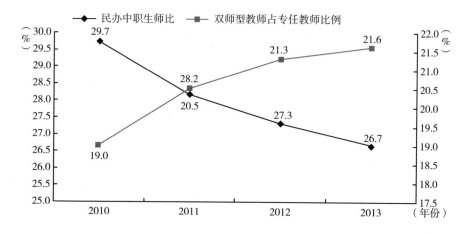

图 18　2010～2013 年全国民办中职学校生师比及双师型教师所占比例

　　资料来源：教育部发展规划司《2010～2013 年全国教育事业简明统计分析》，《内部资料》，北京，2011～2014。

5. 全国民办高等教育发展概况

　　2013 年，尽管民办高等教育招生规模略有减少，但在校生规模及所占比例继续保持增长态势，全国民办高校总数达到 718 所，比上年增加 11 所，其中含独立学院 292 所，独立学院数比上年减少 11 所。民办本科的招生及在校生规模仍大于民办专科，民办本科招生规模较上年有所减少，民办普通高校总体的教师配备水平继续稳步提升。

　　（1）民办高等教育招生规模略有萎缩，在校生规模继续增长

　　2013 年，全国民办高等教育（包括普通及成人本专科）的招生规模呈小幅萎缩，招生规模为 160. 17 万人，比上年减少 0. 10 万人，减少 0. 06%；民办高等教育在校生为 557. 49 万人，较上年增长 4. 56%（见图 19）。其中，独立学院本专科的招生规模仅为 68. 89 万人，较上年减少 8. 99%，同时独立学院本专科在校生也小幅减少，在校生规模为 275. 85 万人，较上年减少 0. 92%。

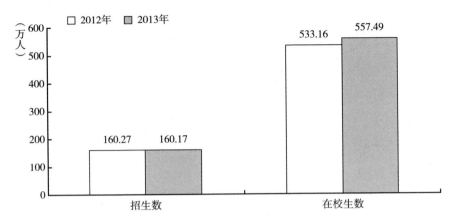

图 19　2012～2013 年民办高等教育招生及在校生规模变化

资料来源：教育部发展规划司《2012 年、2013 年全国教育事业简明统计分析》，《内部资料》，北京，2013、2014。

（2）民办普通本专科的招生数所占比例略有下降，在校生所占比例继续增长

2013 年，民办普通本专科招生数占普通本专科招生总数的 22.27%，比上年降低 0.45 个百分点；民办普通本专科在校生数占普通本专科在校生总数的 22.16%，比上年提高 0.30 个百分点（见图 20）。

（3）西部民办高等教育在校生增长最快，东部民办高等教育招生规模小幅增长，而中、西部地区民办高等教育招生规模出现下降

分区域来看，2013 年，尽管西部地区民办高等教育在校生规模仍不及中部和东部地区，为 128.14 万人，但增长最快，年增长率为 7.63%；而中部和东部地区民办高等教育在校生年增长率分别为 4.00%、3.47%。就招生规模而言，仅有东部地区民办高等教育招生规模出现小幅增长，较上年增长 2.56%，而中部和西部地区均呈不同程度的减少趋势，分别较上年减少 0.25%、4.80%（见图 21）。

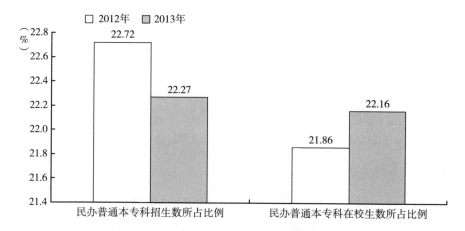

图20　2012~2013年民办高等教育招生及在校生所占比例

资料来源：教育部发展规划司《2012年、2013年全国教育事业简明统计分析》,《内部资料》,北京,2013、2014。

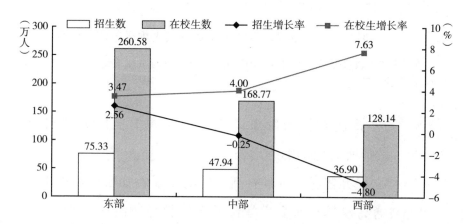

图21　2013年分区域民办高等教育招生与在校生规模及增长率

资料来源：教育部发展规划司《2013年全国教育事业简明统计分析》,《内部资料》,北京,2014。

（4）民办高等教育本科招生规模有所减少,民办高等教育本科在校生规模增长快于民办专科

就民办高等教育的学历层次而言,2013年民办本科的招生及在校

生规模仍大于民办专科，但民办本科招生规模却比上年有所减少。2013年，民办本科招生92.1万人，较上年减少2.5%，在校生361.6万人，较上年增长6.0%；民办专科招生68.0万人，较上年增长3.5%，在校生195.9万人，较上年增长2.0%，增长率低于民办本科（见图22）。

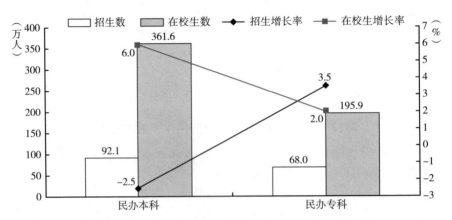

图22 2013年民办本科、专科招生及在校生规模及其增长率

资料来源：教育部发展规划司《2013年全国教育事业简明统计分析》，《内部资料》，北京，2014。

（5）民办普通高校教师学历水平继续提升，民办专科学校"双师型"教师所占比例继续增长

2013年，民办普通高校具有高学历的专任教师所占比例继续增长，民办普通高校具有研究生学位的专任教师所占比例为56.8%，较上年增加1.2个百分点（其中，民办本科学校具有研究生学位专任教师的比例为64.6%，明显高于专科的35.4%）；具有博士学位的专任教师所占比例为7.6%，较上年提高0.3个百分点（其中，民办本科学校具有博士学位专任教师的比例为9.7%，明显高于专科的1.7%）。关于"双师型"教师占专任教师的比例，民办专科仍比民办本科具有较大优势，2013年为25.8%，明显高于民办本科的

7.3%，且民办专科"双师型"教师占专任教师的比例较上年增长0.80个百分点，而民办本科却减少0.50个百分点（见图23）。

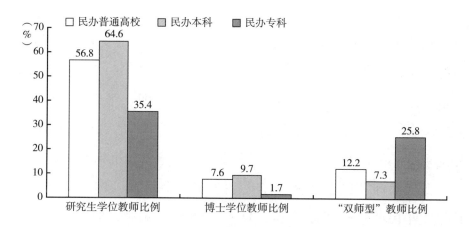

图23　2013年民办普通高校专任教师配备水平

资料来源：教育部发展规划司《2013年全国教育事业简明统计分析》，《内部资料》，北京，2014。

（二）中国民办教育政策的新进展

1. 国务院审议通过一揽子教育法律修正案草案，明确对民办学校实行分类管理，允许兴办营利性民办学校

2015年1月7日，国务院总理李克强主持召开国务院常务会议，按照深化教育领域综合改革的需要，会议讨论通过了对《教育法》《高等教育法》《民办教育促进法》等进行一揽子修改的修正案草案，并决定提请全国人大常委会审议。此次草案修订明确对民办学校实行分类管理，允许兴办营利性民办学校。

此次教育一揽子修改的法案具体修改内容如下：将《教育法》第二十五条第三款"任何组织和个人不得以营利为目的举办学校及

其他教育机构"的内容修改为"以财政性经费、捐赠资金举办或者参与举办的学校或者其他教育机构不得设立为营利性组织";《高等教育法》第二十四条删去了关于设立高等学校"不得以营利为目的"的内容;《民办教育促进法修订草案》指出,民办学校可以自主选择,登记为非营利性或者营利性法人,同时删除关于民办学校可以取得合理回报的模糊规定。2015年12月27日,第十二届全国人大常委会第十八次会议通过修订《教育法》《高等教育法》的决定,删除了"不得以营利为目的"举办学校及其他教育机构的条款。

此次对涉及民办教育相关内容的一系列法案的修订,一方面取消了关于民办学校"以营利为目的"的相关限制,明确可以允许民办教育领域兴办营利性学校,为民办教育提供了更大的发展空间;另一方面通过明确允许民办学校自主选择登记为非营利性或者营利性法人,从而在法律层面上为民办教育实行分类管理提供了一定的条件和基础,有利于进一步推动民办教育的健康发展。

2. 着力完善民办教育分类管理的配套政策与制度

在国家明确对民办学校实行分类管理的背景下,着力完善民办教育分类管理的配套政策与制度成为今后一段时期我国关于促进民办教育发展的重点方向,同时也将研究制定民办学校分类管理配套政策纳入教育部2015年工作要点。袁贵仁部长在2015年全国教育工作会议上的讲话中提到,要依法建立分类管理基础上的财政、金融、土地、人事等方面差异化扶持政策,健全政府补贴、政府购买服务、助学贷款、基金奖励、捐资激励等制度,解决民办教育面临的问题和困难,保障民办学校教师学生的合法权益。要完善民办教育管理服务体系,建立民办教育管理部门协调机制。

3. 扩大民办学校自主权，健全其内部治理结构

2015 年 3 月 5 日，李克强总理在《政府工作报告》第五部分"持续推进民生改善和社会建设"中，关于"促进教育公平发展和质量提升"方面，专门指出"促进民办教育健康发展"。这不仅体现了国家对民办教育发展的重视和支持，还反映了国家今后对民办教育发展的导向，即引导其规范、健康发展。

民办学校的健康发展，一方面应为民办学校提供一定限度的自主权，促进其创新发展；另一方面也必须依靠健全的内部管理制度。基于此，袁贵仁部长在 2015 年全国教育工作会议上的讲话中提到，"扩大民办学校在教育教学、招生、收费等方面的自主权。要完善董事会（理事会）、监事会制度，健全民办学校内部治理结构，加强党的建设和思想政治教育工作。加强民办学校内部制度建设，完善资产、财务监管制度，强化审计和社会监督"。

二 各省（自治区、直辖市）各级各类民办教育的新进展

（一）各省（自治区、直辖市）民办教育规模发展及特点分析①

1. 各省份民办学前教育发展概况

近年来，由于国家坚持将民办幼儿园作为解决适龄儿童入园问

---

① 由于 2013 年、2014 年《中国教育年鉴》尚未出版，未能获得 2012 年、2013 年分省数据的全部指标，故本部分各级各类民办教育关于学校数的指标以及民办培训机构的全部数据仅更新至 2011 年，来源为 2012 年《中国教育年鉴》；而各级各类民办教育在校生指标的数据更新到 2013 年，资料来源为教育部发展规划司编 2013 年《全国教育事业简明统计分析》。

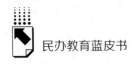

题的重要途径，并加大对民办普惠性幼儿园的扶持力度，多数省份民办学前教育迅速发展，继续呈现稳定增长趋势。

（1）多数省份民办学前教育规模继续扩大。无论是民办幼儿园数还是民办学前教育在园幼儿规模及其所占比例，多数省份均呈现继续增长趋势

①多数省份民办幼儿园数继续增长。2011 年，全国绝大多数省份民办幼儿园数均较上年呈现不同程度的增长，浙江、新疆除外。其中，民办幼儿园数较 2010 年的增幅较为明显的前五位分别为西藏、山西、吉林、河南、陕西，增幅分别达到 71.43%、42.97%、42.24%、32.44%、30.25%（见图 24）。

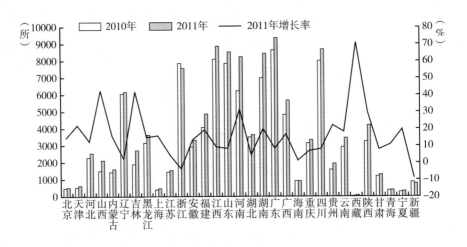

图 24 2010～2011 年各省份民办幼儿园数及增长率

资料来源：中国教育年鉴编辑部《中国教育年鉴》，人民教育出版社，2012～2013。

②多数省份民办学前教育在园幼儿数量继续增长。2013 年，除辽宁、浙江民办学前教育在园幼儿数出现小幅下降外，全国绝大

多数省份民办学前教育在园幼儿数均呈现不同程度的增长趋势。其中，年增长率较大且超过 20% 的省份依次为西藏、河北、天津，增幅分别为 61.91%、25.73%、23.10%（见图 25）。

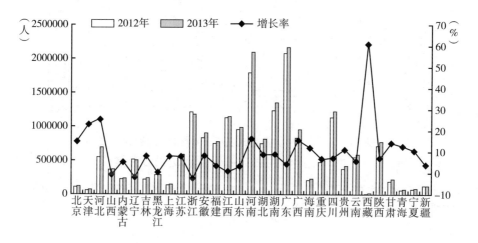

图 25　2012～2013 年各省份民办学前教育在园幼儿数及增长率

资料来源：教育部发展规划司《2012 年、2013 年全国教育事业简明统计分析》，《内部资料》，北京，2013、2014。

③多数省份民办学前教育在园幼儿占在园幼儿总数的比例继续增长。2013 年，全国整体民办学前教育在园幼儿占在园幼儿总数的比例继续增长，比上年增长 0.83 个百分点。尽管山西、辽宁、浙江、江西、山东、广东、陕西、甘肃等部分省份民办学前教育在园幼儿所占比例有所下降，但全国多数省份民办学前教育在园幼儿所占比例继续增长。其中，天津与西藏的民办学前教育在园幼儿所占比例 2013 年较上年增幅最大，均超过 5 个百分点，分别比上年增长 5.19、5.05 个百分点。超过半数的省份民办学前教育在园幼儿所占比例超过 50%（见图 26）。

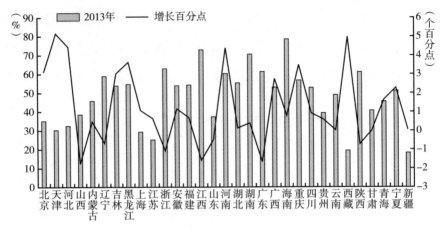

**图 26　2013 年各省份民办学前教育在园幼儿占
在园幼儿总数的比例及增长百分点**

资料来源：教育部发展规划司《2012 年、2013 年全国教育事业简明统计分析》，
《内部资料》，北京，2013、2014。

（2）多数省份城市和农村民办学前教育在园幼儿规模均有所
增长，多数省份民办学前教育在园幼儿规模农村大于城市，而民办
学前教育在园幼儿所占比例城市高于农村

分城乡看，2013 年，多数省份城市民办学前教育在园幼儿规
模继续增长，辽宁、浙江、广西除外；同时，除山西、辽宁、黑龙
江、浙江、江西有所减少外，多数省份农村民办学前教育在园幼儿
规模也出现不同程度的增长（见图 27）。与 2012 年相似，2013 年
多数省份民办学前教育在园幼儿规模农村大于城市，北京、天津、
上海、辽宁、江苏、广东、吉林、宁夏、新疆除外（见图 27）；除
上海和浙江外，其他多数省份民办学前教育在园幼儿占在园幼儿总
数的比例城市高于农村（见图 28）。

（3）各省民办学前教育在园幼儿所占比例存在较大差异

在全国 31 个省份中，各省民办学前教育在园幼儿所占比例存

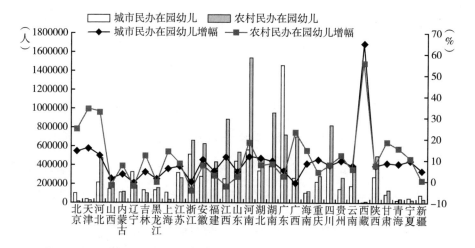

图27 2013年各省份分城乡民办学前教育在园幼儿规模及增长率

资料来源：教育部发展规划司《2012年、2013年全国教育事业简明统计分析》，《内部资料》，北京，2013、2014。

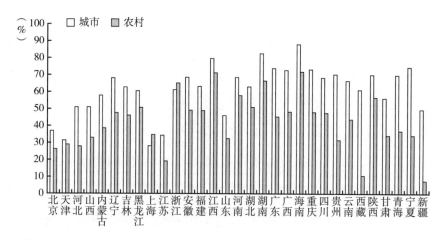

图28 2013年各省份分城乡民办学前教育在园幼儿占在园幼儿总数的比例

资料来源：教育部发展规划司《2013年全国教育事业简明统计分析》，《内部资料》，北京，2014。

在较大差异，位于前五位的分别是海南、江西、湖南、浙江、广东，民办学前教育在园幼儿占所有在园幼儿的比例分别为78.57%、

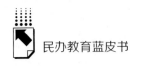

72.95%、70.52%、63.25%、61.24%，而上海、江苏、西藏、新疆民办学前教育在园幼儿所占比例尚不足30%（见图26）。

2. 各省份民办中小学教育发展概况

由于九年义务教育主要通过公办教育资源来完成，各省（自治区、直辖市）民办义务教育规模发展较为稳定，多数省份民办义务教育学校数继续减少，在校生规模继续稳定增长；多数省份民办普通高中学校数及在校生数均有所减少。从省际比较的角度来看，各省份民办中小学教育所占比例仍存在较大差距。

（1）多数省份民办义务教育规模稳定发展。除个别省份民办义务教育出现较大幅度变化外，多数省份民办义务教育的学校数、在校生数、在校生所占比例均稳定发展

①多数省份民办义务教育学校数继续减少。2011年，北京、西藏、宁夏等地民办小学的学校数与上年保持不变，除河北、吉林、浙江、安徽、河南、广西、海南、贵州、青海外，多数省份民办小学的学校数呈不同程度的减少。其中，减幅超过20%的有黑龙江、甘肃、江西、福建，减幅依次为33.33%、25.00%、21.31%、20.20%。关于各省份民办初中学校数的情况，北京、福建、云南、四川、内蒙古、青海、甘肃、西藏、宁夏民办初中学校数与上年持平，其余各省份中，约半数省份民办初中学校数呈不同程度的减少，分别是江西、河北、新疆、山东、海南、重庆、山西、江苏、湖北、天津、黑龙江。其中，减幅较大的省份为黑龙江和天津，分别达到31.03%、28.57%（见图29）。

②多数省份民办义务教育在校生规模继续稳定增长。2013年，除山西、内蒙古、上海、江苏、海南、四川、贵州、云南、西藏、

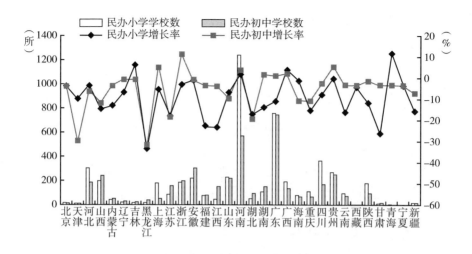

图 29　2011 年各省份民办义务教育学校数及增长率

资料来源：中国教育年鉴编辑部《中国教育年鉴》，人民教育出版社，2012～2013。

甘肃、青海、新疆民办小学在校生比上年有所减少外，其余多数省份均呈不同程度增长；同时，多数省份民办初中在校生也继续增长，山西、内蒙古、黑龙江、江苏、江西、河南、海南、重庆、宁夏、新疆除外。其中，北京民办小学在校生增长最快，增幅达到46.30%，西藏民办初中在校生增长最快，增幅达到27.95%（见图30）。

③多数省份民办义务教育在校生所占比例有所提升。2013 年，除山西、内蒙古、上海、江苏、贵州、云南、西藏、青海、新疆民办小学在校生所占比例略有下降外，其余多数省份均较上年略有提升，其中增长较快的为北京、河南、广东、河北，分别比上年增长2.37 个、1.84 个、1.64 个、1.26 个百分点；多数省份民办初中在校生占初中在校生总数的比例较上年小幅增长，海南、宁夏、新疆

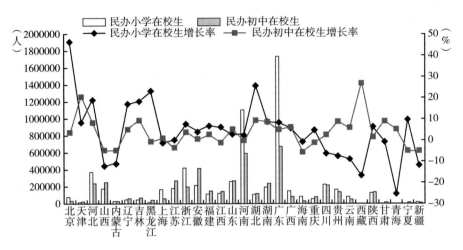

图30　2013 年各省份民办义务教育在校生数及增长率

资料来源：教育部发展规划司《2012 年、2013 年全国教育事业简明统计分析》，《内部资料》，北京，2013、2014。

除外，其中，增长较快的前三个省为河南、广东、山西，分别增长 2.23 个、2.16 个、1.91 个百分点（见图 31）。

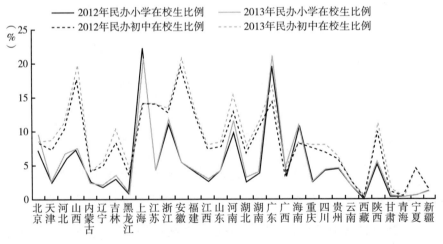

图31　2012～2013 年各省份民办义务教育在校生占同级教育在校生总数比例

资料来源：教育部发展规划司《2012 年、2013 年全国教育事业简明统计分析》，《内部资料》，北京，2013、2014。

（2）多数省份民办普通高中规模有所减小。无论是学校数还是在校生数，多数省份民办普通高中规模呈下降趋势

2011 年，吉林、海南、重庆、西藏、青海民办普通高中学校数没有变化，除河北、辽宁、广东、四川、贵州有所增长外，多数省份民办普通高中学校数较上年有所减少。其中，减幅较大的五个省份依次为江苏、天津、上海、广西、江西，减幅分别为17.42%、14.71%、13.11%、12.20%、10.83%（见图32）。关于民办普通高中在校生规模，2013 年，超半数省份呈不同程度的减少，北京、内蒙古、辽宁、江西、湖南、广东、广西、海南、重庆、四川、贵州、云南、西藏、青海、宁夏除外，其中减幅最大的为新疆，减幅达到16.77%。值得注意的是，2013 年西藏民办高中在校生出现较大幅度增长，增幅高达86.57%（见图33）。

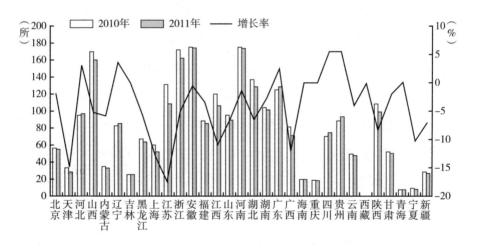

图32 2010～2011 年各省份民办普通高中学校数及增长率

资料来源：中国教育年鉴编辑部《中国教育年鉴》，人民教育出版社，2012～2013。

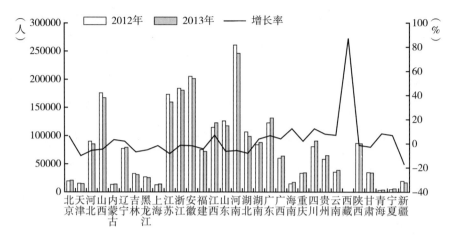

图33　2012～2013年各省份民办普通高中在校生数及增长率

资料来源：教育部发展规划司《2012年、2013年全国教育事业简明统计分析》，《内部资料》，北京，2013、2014。

（3）各省民办中小学在校生所占比例存在较大差距。在全国31个省份中，不同省份之间民办中小学在校生占同级教育的比例存在一定差距，主要表现为比例较高的区域集中在经济较为发达的东部和中部地区，而西部欠发达地区民办教育所占份额偏小

①粤沪浙豫冀晋等地民办义务教育在校生所占比例高于全国水平，而藏青甘新等地相对较低。2013年，全国民办小学在校生占同级教育在校生总数的比例为6.72%，民办初中在校生所占比例为10.41%。广东、上海、浙江、河南、海南、北京、山西、河北8地民办小学在校生所占比例高于全国水平，安徽、山西、广东、河南、江苏、上海、浙江、福建、河北、陕西、湖南等11地民办初中在校生所占比例高于全国水平。其中，民办小学及民办初中所占比例均超过全国水平的有广东、上海、浙江、河南、山西、河北，而民办义务教育在校生所占比例较小的省份集中在西藏、青

海、甘肃、新疆等西部地区。民办小学在校生所占比例各省差异较大，最高的为广东省，比例为21.43%，而西藏的比例最低，仅为0.19%；安徽的民办初中在校生比例最高，为20.74%，而比例最低的西藏仅为0.23%（见图31）。

②浙晋皖等地民办普通高中在校生所占比例仍位居前列，而藏蒙青宁新等地偏低。2013年，民办普通高中在校生所占比例高于全国水平（9.51%）的省份有浙江、山西、安徽、江苏、江西、河南、辽宁、北京、福建、湖北、陕西、海南，其中位居前三位的浙江、山西、安徽比例依次为21.51%、19.75%、15.95%，而西藏、内蒙古、青海、宁夏、新疆等地比例较低，均不足4%（见图34）。

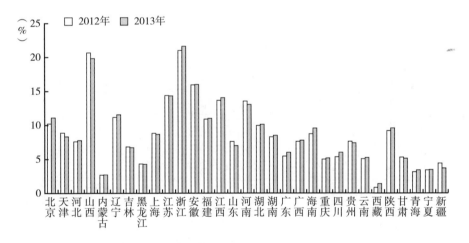

图34 2012~2013年各省份民办普通高中在校生占在校生总数的比例

资料来源：教育部发展规划司《2012年、2013年全国教育事业简明统计分析》，《内部资料》，北京，2013、2014。

3. 各省份民办中等职业教育发展概况

虽然我国各省份民办中等职业教育规模发展状况间存在一定差

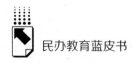

异，但多数省份民办中职规模的发展趋势比较一致，无论是民办学校数、民办在校生数还是民办在校生所占比例均呈减少趋势。

（1）多数省份民办中职规模有所萎缩。多数省份民办中职学校数、在校生及民办在校生所占比例均呈不同程度减少

①多数省份民办中职学校数有所减少。2011年，黑龙江、上海、海南、西藏、甘肃民办中职学校数与上年保持不变，多数省份民办中职学校数呈不同程度的减少，内蒙古、吉林、辽宁、云南、山西等地除外。其中，减幅最为明显的为宁夏，从上年的6所减少到2所，减少66.67%，另湖北、江苏、新疆减幅较大，均超过20%（见图35）。

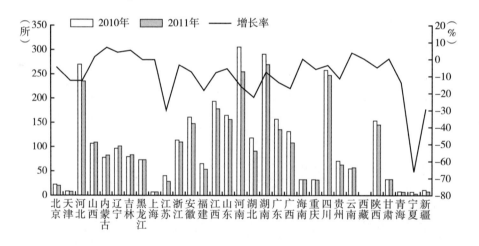

图35 2010～2011年各省份民办中职学校数及增长率

资料来源：中国教育年鉴编辑部《中国教育年鉴》，人民教育出版社，2012～2013。

②多数省份民办中职在校生数继续减少。2013年，除宁夏、上海、新疆、云南民办中职在校生数有所增加外，多数省份民

办中职在校生规模继续保持上年的减少趋势。其中，宁夏仍延续上年较为突出的增长态势，增幅高达 38.53%，而在民办中职在校生规模减少的省份中，减少最为明显的为湖北省，减幅为 27.11%，其次为江苏和湖南，减幅依次为 26.43%、25.95%（见图 36）。

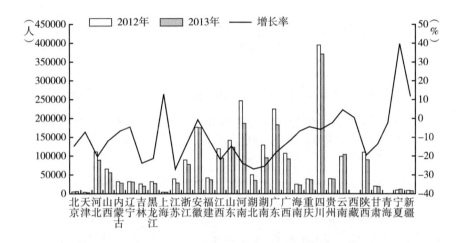

图 36　2012 ~ 2013 年各省份民办中职在校生数及增长率

资料来源：教育部发展规划司《2012 年、2013 年全国教育事业简明统计分析》，《内部资料》，北京，2013、2014。备注：西藏无民办中等职业学校。

③多数省份民办中职在校生所占比例继续减少。2013 年，我国多数省份民办中职在校生占中职在校生总数的比例继续延续上年的减少趋势，宁夏、云南、安徽、新疆、内蒙古、辽宁、上海、天津除外。其中，民办中职在校生所占比例下降最为明显的为湖南省，比上年下降 2.87 个百分点，其次为江西、贵州、广东，分别比上年下降 2.46 个、2.25 个、2.04 个百分点（见图 37）。

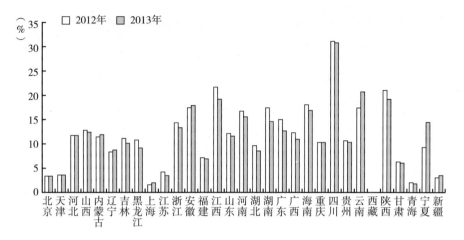

图37　2012～2013 年各省份民办中职在校生占同级教育总数的比例

资料来源：教育部发展规划司《2012 年、2013 年全国教育事业简明统计分析》，《内部资料》，北京，2013、2014。备注：西藏无民办中等职业学校。

（2）各省民办中职在校生所占比例存在一定差距

在全国 31 个省份中，除西藏无民办中等职业学校外，各省份民办中职在校生占同级教育的比例存在一定差距（见图37）。

①9 省份民办中职在校生所占比例超过全国水平，川滇等地比例较高。2013 年，全国民办中职在校生所占比例为 13.53%，共有四川、云南、陕西、江西、安徽、海南、河南、湖南、宁夏 9 省超过全国水平，其中尤以四川、云南等地比例较高，超过 20%，分别为 30.73%、20.83%。

②沪青等地民办中职在校生所占比例较低。相比之下，上海与青海民办中职在校生所占比例偏低，分别仅为 2.14%、2.00%。

4. **各省份民办高等教育发展概况**

尽管部分省份民办本、专科的招生规模有所减少，但多数省份民办高等学校在校生及在校生所占比例继续增长，各地民办高等学校总体发展迅速，成为我国高等教育培养人才的重要力量。

（1）多数省份民办高等教育发展趋于稳定

①多数省份民办高校学校数稳定发展。2011 年，除山西和上海的民办高校的学校数比上年有所减少外，多数省份民办高校数量与上年持平，另有内蒙古、江苏、安徽、江西、山东、河南、湖北、广东、重庆、四川、贵州、云南 12 地民办高校数量呈不同程度的增长。其中，民办高校数增幅较大的为重庆和河南，分别为29.41%、17.86%。关于民办高校中独立学院的数量，除辽宁、吉林、黑龙江、上海、江苏、山东、河南、湖北比上年有所减少外，其余各省均与上年数量保持不变。其中，黑龙江的独立学院数较上年出现骤减，从 8 所减少到 5 所，减幅达到 37.50%（见图 38）。

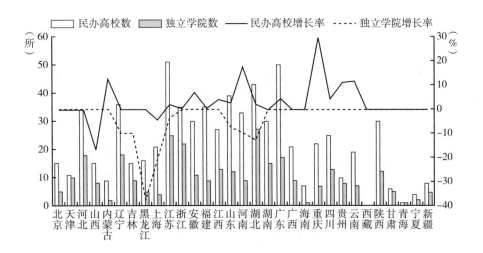

图 38　2011 年各省份民办高校及独立学院的学校数及增长率

资料来源：中国教育年鉴编辑部《中国教育年鉴》，人民教育出版社，2012～2013。

②近半数省份民办本、专科招生规模有所减少。2013 年，与上年多数省份民办本、专科招生数呈增长趋势不同，天津、山西、

黑龙江、江苏、浙江、湖北、湖南、广西、重庆、四川、甘肃、陕西、宁夏、新疆14地招生规模呈不同程度的减少。其中，减幅最大的省份为湖南省，达13.34%，其次为四川、甘肃、陕西，减幅依次为13.21%、13.12%、11.74%，而在招生规模增加的省份中，尤以内蒙古和云南的增长较为明显，分别增长28.36%、27.06%（见图39）。同时，多数省份民办高等教育招生数占招生总数的比例也有所减少，北京、内蒙古、辽宁、吉林、上海、福建、河南、海南、贵州、云南、青海、宁夏12地除外。其中，民办本、专科招生所占比例减少较快的为四川、湖南、山西，分别比上年减少3.59个、3.01个、2.25个百分点（见图41）。

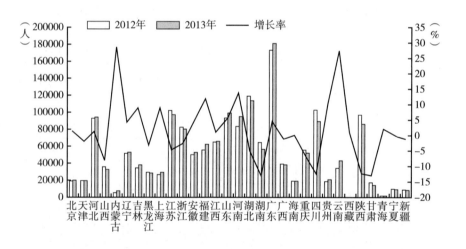

图39　2012～2013年各省份民办本、专科招生数及增长率

资料来源：教育部发展规划司《2012年、2013年全国教育事业简明统计分析》，《内部资料》，北京，2013、2014。备注：西藏无民办高等学校。

③多数省份民办本、专科在校生规模有所增长。2013年，部分省份民办本、专科在校生规模有所下降，除江苏、湖南略有减少

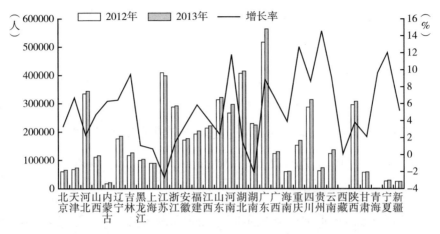

图40　2012~2013年各省份民办本、专科在校生数及增长率

资料来源：教育部发展规划司《2012年、2013年全国教育事业简明统计分析》，《内部资料》，北京，2013、2014。备注：西藏无民办高等学校。

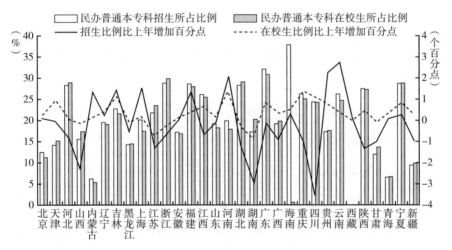

图41　2013年各省份民办本、专科招生、在校生所占比例及与上年变化情况

资料来源：教育部发展规划司《2012年、2013年全国教育事业简明统计分析》，《内部资料》，北京，2013、2014。备注：西藏无民办高等学校。

外，绝大多数省份民办本、专科在校生数继续呈增长趋势。其中，年增长率超过10%的省份有贵州、重庆、宁夏、河南，增幅依次为 14.45%、12.49%、12.09%、11.67%（见图40）。与上年各地民办本、专科在校生所占比例多呈减少趋势不同，2013年多数省份民办本、专科在校生占同级教育在校生总数的比例呈不同程度增长态势，山西、黑龙江、江苏、浙江、湖北、湖南、甘肃除外。其中，民办本、专科在校生所占比例增长较为明显的省份为重庆、河南、吉林、四川，分别比上年增长 1.34 个、1.33 个、1.15 个、1.03 个百分点（见图41）。

（2）多数省份独立学院招生规模逐渐萎缩，而在校生规模继续增长

①多数省份独立学院招生数有所减少。与 2012 年相比，2013年除青海、贵州、福建、广东、河南、内蒙古、云南、江苏独立学院招生数增加外，多数省份独立学院招生规模逐渐萎缩，其中辽宁出现较大幅度减少（减幅达到52.37%），其余省份也呈现不同程度的减少（见图42）。

②多数省份独立学院在校生数继续增长。尽管多数省份独立学院招生规模逐渐萎缩，但2013年多数省份独立学院在校生数仍延续上年的增长趋势，北京、河北、辽宁、吉林、上海、江苏、浙江、江西、湖南、重庆、四川等地除外。值得关注的是，由于辽宁省独立学院招生规模急剧下降直接影响其在校生数也出现大幅下降，减幅达到40.16%。在独立学院在校生规模增长的省份中，增长较快的前三位依次为河南、内蒙古、云南，增长率分别为14.08%、11.73%、11.62%（见图43）。

（3）各省民办高等教育占同级教育的比例存在一定差异

就不同省份的区域差异而言，无论是招生数还是在校生数，各

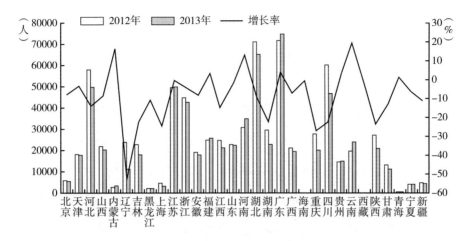

图42　2012～2013年各省份独立学院本专科招生数及增长率

资料来源：教育部发展规划司《2012年、2013年全国教育事业简明统计分析》,《内部资料》,北京,2013、2014。备注：西藏无独立学院。

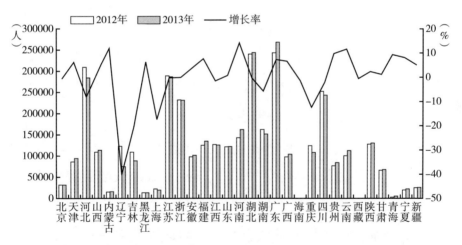

图43　2012～2013年各省份独立学院本专科在校生数及增长率

资料来源：教育部发展规划司《2012年、2013年全国教育事业简明统计分析》,《内部资料》,北京,2013、2014。备注：西藏无独立学院。

省之间民办高等教育规模占同级教育的比例均存在较大差异。关于民办本、专科招生数所占比例,2013年位居前三位的依次为海南、

广东、浙江，比例分别为37.97%、32.14%、28.87%，而相比之下，新疆、青海、内蒙古的比例较小，尚不足10%，分别为9.47%、6.59%、6.10%。

5. 各省份民办培训机构发展概况

由于国家对民办教育扶持政策的完善以及民办培训机构管理的逐步规范，各省（自治区、直辖市）民办培训机构的规模也逐渐壮大，多数省份民办培训机构的数量以及教师数量均有所增加。

（1）多数省份民办培训机构数有所增加

与2010年的趋势不同，2011年，除天津、河北、安徽、福建、广西、重庆、贵州、甘肃等地民办培训机构数减少外，多数省份民办培训机构数呈不同程度的增加。其中，江西、云南的民办培训机构数较上年增长超一倍，分别增长了164.29%、131.37%，而在出现减少的省份中，广西的减幅最大，从2010年的79个减少到5个，减幅达93.67%（见图44）。

（2）多数省份民办培训机构教师数有所增加

2011年，多数省份民办培训机构教职工及专任教师数均比上年呈不同程度的增长。其中，民办培训机构教师数增长较快的省份为江西、新疆和山东，教职工及专任教师数的增幅均超过1倍，而减少最为明显的仍为广西壮族自治区，教职工及专任教师数分别比上年减少86.24%、80.65%。总的来看，多数省份民办培训机构教职工与专任教师的变化趋势基本一致，然而重庆、安徽、内蒙古、福建等地出现教职工减少、专任教师增多的情况，湖北、黑龙江出现教职工增多、专任教师减少的情况（见图45）。

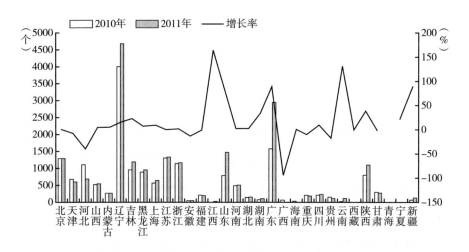

图 44　2010～2011 年各省份民办培训机构数量（不计校数）

　　资料来源：中国教育年鉴编辑部《中国教育年鉴》，人民教育出版社，2011～2012。备注：西藏无民办培训机构；2010 年，缺青海省数据。

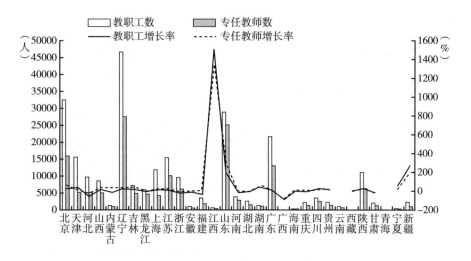

图 45　2011 年各省份民办培训机构教职工和专任教师数及增长率

　　资料来源：中国教育年鉴编辑部《中国教育年鉴》，人民教育出版社，2012。备注：西藏无民办培训机构；2010 年，缺云南和青海省数据。

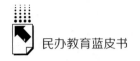

（二）各省（自治区、直辖市）民办教育政策的新进展

1.省级政府工作报告关于民办教育的表述

2015 年初，我国各省（区、市）纷纷发布了当地 2015 年政府工作报告，并对 2015 年的重点教育工作进行了部署。与 2014 年各地政府工作报告相比，辽宁、福建、广西、四川、甘肃等地增加了关于促进民办教育发展的内容，2015 年共有 14 个省级政府在其政府工作报告中明确涉及关于民办教育的内容，分别从不同方面提出有关对民办教育的扶持政策，其中多数提出支持、规范发展民办教育的基本思想，江西省专门提出扶持普惠性民办幼儿园，上海市将"启动营利性与非营利性民办学校分类管理试点"写入 2015 年政府工作的主要任务（见表1）。

表1　省级政府 2015 年工作报告对民办教育的表述及与 2014 年比较

序号	地区	2015 年	2014 年
1	江　西	扶持普惠性民办幼儿园	鼓励社会力量兴办教育
2	重　庆	支持民办教育发展	
3	陕　西	鼓励和规范社会力量办学	鼓励、支持和引导、规范社会力量办学
4	上　海	启动营利性与非营利性民办学校分类管理试点	
5	海　南	支持和规范社会力量办学	将推动民间资本进入基础设施、基础产业、金融服务和教育、文化、医疗卫生、养老、健康等领域,进一步激发民间投资活力,并鼓励社会力量兴办教育、创办高水平大学
6	内蒙古	统筹推进学前教育、民族教育、特殊教育、民办教育和继续教育发展	鼓励民间资本参与教育、文化、医疗等社会事业发展

序号	地区	2015 年	2014 年
7	湖　南	支持和规范民办教育发展	鼓励和引导民间资金进入教育领域，积极引进境内外优质教育资源
8	河　南	深化办学体制改革	要落实好促进民办教育发展的政策，吸引社会资本投资教育事业
9	广　东	推进特殊教育、民办教育、社区教育、成人教育与农村职业教育健康发展	要探索分类管理，促进民办教育规范特色发展
10	辽　宁	鼓励和支持社会资本进入教育领域	无
11	福　建	规范发展民办教育	
12	广　西	鼓励、支持和规范社会力量办学	
13	四　川	大力发展民办教育	
14	甘　肃	完善鼓励社会力量办学制度	

资料来源：笔者搜集整理。

2. 地方促进与规范民办教育发展的最新政策

自《中华人民共和国民办教育促进法》及其实施条例颁布实施以来，我国已从国家层面上出台一系列政策促进民办教育的发展。在这样的背景下，地方政府在推动民办教育发展、民办教育实践探索与政策创新等方面也发挥着十分重要的作用。

（1）将民办教育作为深化教育领域改革的重要内容

为进一步落实十八届三中全会关于深化教育领域改革的具体内容，部分省份结合各自实际出台了当地关于深化教育领域综合改革的实施意见，并将民办教育改革作为其中的重要内容。2014 年 6 月，江西省出台《中共江西省委江西省人民政府关于深化教育领域综合改革若干问题的意见》，将鼓励社会力量兴办教育作为七大

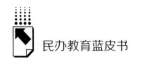

主要任务之一，主要提出促进办学主体多元化、规范民办教育管理、完善民办教育保障措施等三个方面的重要意见，其中比较有针对性的关键举措主要有：一是关于民办职业教育提出，"放宽准入条件，支持各类办学主体通过独资、合资、合作等形式举办民办职业教育，探索发展股份制、混合所有制职业院校，允许以资本、知识、技术、管理等要素参与办学并享有相应权利。积极探索公办和社会力量举办的职业院校相互委托管理和购买服务的机制"；二是关于民办学前教育提出，通过政府补贴、派驻公办教师、培训教师等方式，引导和支持民办幼儿园提供面向大众和收费较低的普惠性服务；三是关于民办高等教育提出，采取措施支持独立学院通过国家验收，规范独立学院管理，民办高等学校要建立董事会、理事会或其他形式的决策机构，实行决策机构领导下的校长负责制；四是提出民办学校要按照有关规定为教职工办理各项社会保险，鼓励为教职工建立年金等补充保险制度，提高其养老待遇。

2015 年 1 月，广东省人民政府颁发《广东省人民政府关于深化教育领域综合改革的实施意见》，提出促进民办教育规范特色发展的若干举措，如：完善民办学校的法人登记办法和法人治理结构，探索分类管理的实施办法，加强分类管理和分类指导，建立民办学校协同治理机制；完善民办教育公共财政补贴、购买服务和奖励激励制度；加强民办学校规范管理，落实民办学校办学自主权，健全民办学校会计制度、财务管理制度、资产管理制度和风险防范机制；健全民办学校退出机制、建立健全民办学校信息公开制度、建立健全民办教育质量监测评估制度等。

2015 年 11 月，湖南省人民政府颁发《关于印发〈湖南省教育综合改革方案（2015～2020年）〉的通知》，将创新政府扶持社会力量办学机制作为其中一项主要任务，提出建立非营利性和营利性民办学校差别性扶持政策体系；探索混合所有制办学模式，鼓励和吸引大型国有企业以及各种公有、民营等社会力量以多种方式参与办学；建立民办教育发展专项资金，探索政府补贴和购买服务制度；取消民办学校收费审批制度、备案制度，实施民办学校收费公示制度等重要改革内容。该文件还专门针对办学实力强、教育质量高、社会信誉好的营利性教育培训机构提出支持其上市融资、打造品牌的扶持政策。

（2）出台民办学校分类管理配套政策

浙江省温州市，作为全国民办学校分类管理改革试点地区，早在2011年就出台了《关于民办学校分类登记管理的实施办法（试行）》，为其他地区进行分类管理政策探索提供了很好的借鉴。近年来，伴随国家对民办教育进行分类管理改革的思路逐步明确，各地也在陆续出台关于民办学校分类管理的配套政策。

继陕西省2013年7月出台《陕西省民办高等学校（教育机构）分类登记管理实施办法》之后，四川、江苏等省也决定对当地民办高校实行分类管理。2013年底，四川省形成了民办高校分类管理体系，分为非营利和营利性两类。非营利性学校是指举办者不取得办学收益、学校的办学结余继续投入教育，形成的资产为学校法人所有，依法登记为事业单位法人或民办非企业单位（法人）的学校；营利性学校是指举办者取得办学收益、学校的办学结余依据国家有关规定进行分配、形成的资产为举办者所有，自主经营、自负盈亏，依法登记为企业法人的

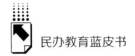
学校。① 2015年3月，江苏省根据民办高校的不同定位，将民办高校分为营利、非营利两类，并进行分类管理、分类支持，同时在制定分类管理办法时，会出台相关政策引导民办高校选择"非营利"。②

2015年3月，山东省教育厅等4部门发布《关于印发〈山东省民办普通中小学校（幼儿园）分类认定办法（试行）〉的通知》。该文件首先提出了非营利性和营利性民办学校的认定标准，即："举办者明确提出不取得办学收益，办学结余不用于举办者分配而继续投入本学校发展，形成的资产归学校法人所有，且法人治理结构健全、法人财产权独立完整、办学活动规范的，可认定为非营利性民办普通中小学校（幼儿园）。举办者要求取得办学收益，办学结余依据国家及省有关规定进行分配，形成的资产归举办者所有，学校自主运营、自负盈亏的，可认定为营利性民办普通中小学校（幼儿园）。"其次提出了非营利性和营利性两类民办学校的登记与管理办法，非营利性民办普通中小学校（幼儿园）由民政部门登记的，按照民办非企业单位有关法律法规和制度政策进行管理；由机构编制部门登记的，参照事业单位有关法律法规和制度政策进行管理；企业法人由工商部门登记，按照企业有关法律法规和制度政策进行管理。最后，分别对非营利性和营利性两类民办学校终止办学时如何进行注销登记做了相关说明。

---

① 《四川建民办高校分类管理体系分非营利性和营利性》，四川日报网，http：//politics. scdaily. cn/szyw/content/2013 – 12/02/content_ 6511763. htm？node = 3605，2015年11月17日。

② 《江苏民办高校将分"营利""非营利"》，中国江苏网，http：//jsnews. jschina. com. cn/system/2015/03/09/023956479. shtml，2015年11月17日。

（3）出台促进民办非学历培训机构发展的政策

在民办培训机构的探索与改革方面，上海市走在了前列，通过地方立法、联席会议、行业管理、信息公开等方式，在加强经营性民办培训机构监管方面取得了一定成效。2011 年 1 月，上海市人大常委会正式通过了《上海市终身教育促进条例》，授权政府相关职能部门制定规范性文件，建立经营性民办培训机构设立登记、日常管理制度和教育培训机构学杂费专用存款账户监管制度。教育、工商等部门依法颁布实施了《上海市教育培训机构学杂费专用存款账户管理暂行规定》（沪教委终〔2011〕24 号）及《上海市教育培训机构学杂费专用存款账户管理的补充规定》（沪教委终〔2013〕10 号）、《上海市经营性民办培训机构登记暂行办法》（沪工商注〔2013〕228 号）和《上海市经营性民办培训机构管理暂行办法》（沪教委终〔2013〕5 号）。[1]

2014 年 7 月，重庆市人民政府出台《重庆市民办非学历教育培训机构管理暂行办法》，对民办非学历教育培训机构的设立、变更、终止以及监督管理、法律责任等内容进行明确规定。随后重庆市教委联合相关部门制定《重庆市民办非学历文化教育培训机构设置标准》《重庆市民办非学历教育培训机构培训费专用存款账户管理暂行规定》等制度。重庆市明确区县政府是民办培训机构管理责任主体，教育、人社部门分别负责文化教育类、职业技能类培训机构的管理，工商、民政等登记部门协助主管部门进行管理，乡

---

[1] 《上海重庆两地多举措破解民办培训机构监管难题》，中国教育新闻网，http://www.jyb.cn/china/gnxw/201503/t20150331_617562.html，2015 年 11 月 17 日。

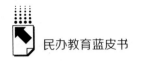

镇、街道、社区落实属地管理职责，基本形成了"政府领导、部门配合、镇街参与、齐抓共管"的管理机制。①

2015 年 3 月，宁夏回族自治区教育厅发布了《关于印发〈2015 年民办非学历教育机构专项治理工作方案〉的通知》，专门针对民办非学历教育培训机构管理不到位、办学行为不规范等问题制定了详细的治理方案与实施步骤，并提出遵循鼓励支持，正确引导、分类管理，积极扶持、依法办学，从严治教等原则，从而更好地规范民办培训机构的办学行为、提高其办学质量。

《教育规划纲要》实施五年以来，我国办学体制改革不断深入，已形成公办与民办教育共同发展的良好格局，民办教育的快速健康发展不仅增加了教育公共服务的供给能力，同时还有利于更好地满足人民群众多层次、多样化的教育需求。在国家总体政策的引导和支持下，我国民办教育综合改革已取得一定的成效，不仅民办教育办学规模迅速扩大、办学层次不断提升，同时民办教育也逐步走向规范化发展道路。在国家发展和扶持民办教育总体政策的影响下，地方各省份也在积极探索民办教育改革的经验和举措，促进了办学体制的创新，出台了关于民办学校分类管理、促进民办培训机构发展等地方性扶持政策。伴随经济改革的日益深化，民办教育在其改革与快速发展的过程中尚存在诸多困难和问题，如法人属性存在争议、产权归属不够清晰、法人治理结构不够健全、民办学校及教师平等地位的取得等，现行民办教育管理体制成为制约当前民办

---

① 《上海重庆积极破解民办培训机构监管难题》，教育部网站，http://www.moe.edu.cn/publicfiles/business/htmlfiles/moe/s5987/201503/185395.html，2015 年 11 月 17 日。

教育发展的瓶颈性因素，2002 年颁布的《中华人民共和国民办教育促进法》也存在很多亟待完善的内容。为此，国家通过修订和完善《民办教育促进法》，明确提出对民办学校实行分类管理，在充分借鉴国家民办教育改革试点经验的基础上，需进一步完善民办学校分类管理的相关机制与配套政策，进一步促进民办教育的健康发展。

从全国民办教育发展的总体规模来看，2013 年，民办教育总体规模持续增长，除民办高中阶段规模有所缩小，其他各级民办教育规模均继续扩大。从地方各省份民办教育的发展状况来看，尽管省际会存在一定的差距，但各省份民办教育规模的最新发展状况与全国的状况大体一致，多数省份民办教育在其规模变化方面的共同点主要表现在以下几个方面：一是民办学前教育规模继续扩大；二是民办义务教育在校生规模稳定增长；三是民办高中阶段教育规模有所减少；四是民办高校招生及在校生规模逐渐扩大；五是民办培训机构数有所增加。与 2012 后的数据相比，较为明显的变化在于，民办培训机构数开始呈现增长趋势。

近年来，民办培训机构由于其管理主体的多元化及复杂性，民办培训教育在其发展过程中存在办学特色不明显、办学质量参差不齐、缺乏有效管理和监督等问题。与此同时，民办培训教育也存在较大的发展空间。基于此，我们有必要对我国民办培训教育的发展现状和特征进行系统梳理，并通过分析国内民办培训教育的典型案例以及国外私立培训教育的实践，提出我国民办培训教育的发展战略和政策建议。

专题篇

Special Reports

B.3

中国民办培训教育的政策背景、
发展概况与困境

孙菊容 吴霓*

摘 要： 在经济全球化和教育国际化的大背景下，加大人力资本
投资、建设学习型社会、提高公民素质和能力已成为加
快我国经济社会建设步伐、全面建成小康社会的重要基
础。近年来，在国家"积极鼓励、大力支持、正确引
导、依法管理"的方针指引下，民办教育事业蓬勃发
展，已经成为我国教育事业发展的重要增长点和促进教

---

* 孙菊容，女，阳光喔教育集团新语文研究院研究人员；吴霓，男，中国教育科学研究院教育
发展与改革研究所所长、研究员。

育改革的重要力量。包括民办培训教育等多种教育模式的探索，既适应了广大学生和社会公众对教育的多样化和个性化需求，也对构建灵活开放的教育体系做出了重要贡献。

关键词： 民办培训教育　政策背景　分布情况　市场特点

本文主要研究我国民办培训教育的政策背景、分布情况以及发展特色，分析民办培训教育的统计数据、相关政策，总结我国民办培训教育的发展现状和特征。

一　中国民办培训教育的政策背景

2015 年初，全国教育工作会议和 2015 年教育部工作要点对民办教育改革提出了一系列部署，提出鼓励社会力量兴办教育。民办教育大改革，为民办培训机构发展带来巨大契机。国家对民办培训机构的政策与民办教育整体发展一起，经过了一个从最初筚路蓝缕到现在蓬勃发展的演变历程。

1993 年《中国教育改革和发展纲要》提出对民办教育"积极鼓励、大力支持、正确引导、加强管理"的十六字方针，标志着国家对民办教育的理念态度有了很大的变化。以 20 世纪 90 年代初为分界，可以大致将改革开放以来民办教育的发展划分为前后两个不同的阶段。

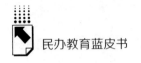

（一）1978～1991年政策背景分析

这一阶段整体上可称之为允许民办教育、民办培训教育发展的阶段，但在不同的时期，政策又稍有不同。

1. 1978～1982年：民办培训教育的恢复期

1978年党的十一届三中全会的召开，确立了改革开放的发展方针，标志着我党工作重心的根本性转移，也逐渐打破了国有经济一统天下的局面。同年，邓小平同志在全国科学大会开幕式上的讲话中提到："教育事业不只是教育部门的事，各行各业都要支持教育，大力发展教育。"

1980年，中共中央、国务院《关于普及学校教育若干问题的决定》指出，"以国家办学为主，充分调动集体、厂矿企业等方面的积极性。还要鼓励群众自筹经费办学"。所谓群众自筹经费办学是指那些离退休教师等有文化和职业技能的私人举办的"双补"（文化补课、技术补课）学校，当时叫私人办学。这些学校自发成立，规模较小，办学形式灵活，主要针对各类考试的考前补习以及各类职业技能培训。这是政策层面对民办培训机构第一次明确表态，其持有的态度是"鼓励"。

1981年9月，教育部在递交给国务院的报告中提出："目前，国家和企事业办学还不能完全适应'四化'建设和广大青年、职工学习科学技术的要求，社会上的离退休人员也愿意为培养人才出力。因此，应允许私人和社会团体根据当地需求和各自特长，举办补习学校和补习班。"至此，国家对民办培训学校的政策，采取的是"允许"的态度。

反观 1978 年之前的政策，1978～1981 年可以说是民办培训教育的恢复期——从无到有，逐步恢复民办培训教育。

2. 1982～1991 年：民办培训教育的发展期

1982 年 12 月 4 日，第五届全国人民代表大会第五次会议通过的《宪法》提出了社会力量办学的概念。彭真委员长在该次会议上做的《关于中华人民共和国宪法修改草案的报告》对社会力量办学问题做出了深入论述，提出"两只脚"办教育的方针。彭真在报告中指出："我国文化比较落后，为了较快地发展教育，既要依靠正规的学校教育，又要靠各种形式的业余教育。国家一定要用足够的力量举办教育事业，同时又要发动各种社会力量，包括集体经济组织、国家企事业组织、其他社会组织以至经国家批准的私人办学者，采取多种形式和依靠广大群众来举办教育事业。"社会力量办学含义非常广泛，除政府办学之外的其他一切主体办学都可被视为社会力量办学。

1987 年 7 月 8 日，针对《国家教育委员会关于印发〈关于社会力量办学的若干暂行规定〉的通知》指出的社会力量办学过程中出现的若干问题，《关于社会力量办学若干暂行规定》（以下简称《规定》）采取了如下措施①。

第一，对民办学校的类型和层次有所限制，"社会力量办学应结合本地区经济建设和社会发展的实际需要，主要开展各种类型的短期职业教育，岗位培训，中、小学师资培训，基础教育，社会文化和生活教育，举办自学考试的辅导学校（班）和继续教育的进

---

① 刘熙：《民办教育政策法制背景》，http：//edu.qq.com/a/20110227/000016.htm，2016 年 11 月 6 日。

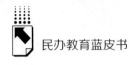

修班"。

第二，对社会力量办学跨区招生或设教育机构的，"除应经学校所在地的省级教育行政部门同意外，还需经所涉及地区的省级教育行政部门批准"。民办学校要跨区招生是比较困难的。

第三，"停办时，除按原审批办学程序办理注销手续外，应及时进行财物清理，并由举办单位及办学负责人，在当地人民政府及教育行政部门的领导下，处理各项善后工作"。教育机构善后工作行政色彩浓厚，要在行政机关领导下进行。

整体而言，《规定》对社会力量在办学过程中容易出现的问题进行了相关规范，而规范是发展的前提，它从另一方面推进了民办教育的进步。综观这一阶段，国家政策方面对民办教育基本以政策性调控为主，没有采取市场方式进行调节。

（二）1992年至今政策背景分析

20世纪80年代社会力量办学是政府办学的补充，对政府办学起着拾遗补阙的作用。1992年后，随着市场经济体制的逐步建立，国家对民办培训教育采取了鼓励与扶持的态度。

1992年党的十四大报告明确指出要"鼓励多渠道、多形式社会集资办学和民间办学，改变国家包办教育的做法"，从而拉开了新形势下民办教育发展新阶段的序幕。1992年《全国教育事业十年规划和"八五"计划要点》第一次对民办教育在教育体系中的发展给出了明确的定位，提出"为满足社会日益增长的需求，要逐步建立以政府办学为主的社会各界共同办学体制"。

1993年2月13日，由中共中央、国务院印发的《中国教育改革和发展纲要》延续了 1992 年国家对民办教育的态度，依然重在"改变政府包揽办学的格局，逐步建立以政府办学为主体，社会各界共同办学的体制"，并在此基础上提出了发展民办教育的十六字方针，即"积极鼓励，大力支持，正确引导，加强管理"。这十六字方针，无疑给民办教育注入了一剂强心针。在这种背景下，民办非学历教育迎来了发展的春天。

随后，1995 年《中华人民共和国教育法》第 25 条以及 1996 年《全国教育事业"九五"计划和 2010 年发展规划》、1999 年《关于深化教育改革全面推进素质教育的决定》中，鼓励社会各种力量共同办学以及建立公办学校与民办学校共同发展的格局再次被强化，民办教育以及民办非学历教育的发展有了良好的社会发展环境。

2002 年 12 月 28 日，第九届全国人民代表大会常务委员会第三十一次会议通过《中华人民共和国民办教育促进法》，其中第 2 条规定"国家机构以外的社会组织或者个人，利用非国家财政性经费，面向社会举办学校及其他教育机构的活动，适用本法"。还规定"民办学校与公办学校具有同等的法律地位，国家保障民办学校的办学自主权。国家保障民办学校举办者、校长、教职工和受教育者的合法权益"。这部法律明确了民办非学历教育的法律地位，强调了民办非学历教育的合法权益，标志着国家开始以法律强制性的力量促进民办教育的发展。

2004 年 2 月 10 日，教育部发布的《2003～2007 年教育振兴行动计划》对民办教育进行了更加强有力的政策性引导，强调"依法保障民办学校权益；明确国家对于民办学校的扶持措施，落实相

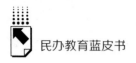

关优惠政策，加强政策引导；促进民办教育扩大办学规模，改善办学条件，提高办学质量，增强办学实力；表彰奖励成绩突出的民办学校和教育机构；营造有利于民办教育自主自律、健康发展的环境，形成公办学校和民办学校优势互补、公平竞争、共同发展的格局"。显然，这对于推动民办非学历教育快速发展是非常利好的政策动向。而2005年国家发改委公布的《民办教育收费管理暂行办法》中更是对民办学校与非学历教育的学费、住宿费标准等进行了规范，表明国家民办教育的发展越来越走上正轨。

2006年新东方在美国纽约证券交易所成功上市，成为中国大陆在美国上市的第一家教育培训机构。这是我国民办非学历教育发展的一个里程碑事件，对于民办非学历教育的长足发展无疑也是一个非常大的鼓舞。

2012年6月，教育部在出台的《教育部关于鼓励和引导民间资金进入教育领域促进民办教育健康发展的实施意见》中指出："鼓励和引导民间资金参与培训和继续教育。以社会需求为导向，积极鼓励民间资金参与在职人员职业培训、农村劳动力转移培训、转岗培训等各类非学历教育与教育培训，推进终身学习体系和学习型社会建设。完善政府统筹协调和监管机制，培育、规范非学历教育和教育培训发展环境，建立健全培训服务质量保障体系。"民办非学历教育机构越来越注重以市场为导向地发展。

2013年9月6日，国务院法制办公室发布了《教育法律一揽子修订草案（征求意见稿）》，建议一揽子对《中华人民共和国教育法》《中华人民共和国高等教育法》《中华人民共和国教师法》和《中华人民共和国民办教育促进法》（以下分别简称《教育法》《高等教育法》《教师法》和《民办教育促进法》）四部法律相关条款进行修订，其中一项重要调整就是完善民办学校管理制度，"在民办教育促进法第18条中增加规定，民办学校可以自主选择，登记为非营利性或营利性法人"。至此，国家第一次从法律的角度，明晰并确定了民办学校以及民办非学历教育者的"营利性法人"身份，为民办培训机构的发展，进一步扫清了障碍。

2014年是高考的"变革年"，在考试与招生方案出台以后，不同考试科目的重要性也发生了变化，这无疑会影响到家长和学生对于课外辅导课程的选择。而在不少培训机构看来，未来自主招生将成为高校选拔人才的主要方式，这或许意味着许多原本考纲之外的知识点也将成为学习的重点内容。由此，考试政策的调整开始切实影响民办培训机构的发展。

2015年1月7日，国务院总理李克强主持召开国务院常务会议，通过了《教育法律一揽子修订草案（征求意见稿）》，决定提请全国人大常委会审议。该修订法案通过实施后将明确我国对民办学校实行分类管理、允许兴办营利性民办学校的政策。

纵观1992年以来的政策法规可以发现，对于民办非学历教育，这一时期的法律法规，在鼓励支持非学历教育的发展之后，又逐步开始引导其朝着市场化与规范化的方向发展。这种政策的导向，对于民办非学历教育稳健持续发展起着非常重要的作用。

总之，自1978年党的十一届三中全会召开到现在，国家关于民办培训教育方面的政策经历了一个不断调整变化的过程。从最初希望并发动各行各业支持、鼓励民办教育的发展，到改变国家包

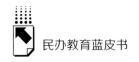

揽的办学体制，提出明确的十六字方针，最后又以法律的形式维护其合法权益，在各方面给予政策引导，以建立良好的竞争环境和发展格局。这一系列的调整背后，充分反映出在市场经济的带动下，我国民办培训教育发展逐步规范化、立体化的特点，并逐渐成为国家教育体系的重要内容。这对于改革我国单一的教育体制具有非常重要的意义，同时也预示着我国民办培训教育发展的良好前景。

二　中国民办培训机构的分布情况

（一）中国民办培训机构整体的爆发式增长

近年来各种各样的民办教育机构在中国遍地开花，尤其是2008年教育部明令禁止公办学校开办营利性辅导班后，民办教育市场呈现爆发式增长的特点。

一直以来，虽然课外辅导市场规模巨大，但具体规模一直缺乏官方披露数据的印证。2005年国家统计局公布数据显示：校外培训市场规模约为3000亿元人民币，至今没有进一步披露。①

中国青少年研究中心家庭教育研究所曾经在2011年5~6月对北京、哈尔滨、石家庄、银川、成都、西安、南京、广州8个城市4960个义务教育阶段家庭进行调查，调查显示：在义务教育阶段，

---

① 《中国 K12 课外辅导行业现状及走向》，搜狐教育研究院，http://learning.sohu.com/s2014/jyktx64，2015 年 11 月 20 日。

我国城市家庭教育支出平均占家庭养育子女费用总额的 76.1%，占家庭经济总收入的 30.1%。自 20 世纪 90 年代以来，家庭的教育支出以平均每年 29.3% 的速度增长，明显快于家庭收入的增长，也快于国内生产总值的增长①。教育投入比重以如此惊人的速度增长，显然说明在公立的义务教育之外，各类民办教育形式迅猛发展。此外，2013 年国民经济发展报告显示，全国城镇居民人均总收入 29547 元/年；全年农村居民人均纯收入 8896 元；内地总人口 136072 万人，其中城镇常住人口 73111 万人。考虑到子女教育支出受年龄段影响，搜狐教育研究院基于城镇居民总收入的 10% 推导为家庭经济收入（21602 亿元），那么其 30.1% 即为中国课外辅导市场规模，这也已达到惊人的数据：6500 亿元人民币。这么大的市场规模，显然不是少数的几个培训机构所能消化得掉的。

另外，相关研究数据显示，截至 2013 年 5 月 31 日，中国教育培训机构的总量为 14.11 万家②，这其中包括职业技能培训机构和各种非学历的短期培训机构，如中小学课外辅导机构等。

根据教育部《2014 年全国教育事业发展统计公报》的数据，2014 年，全国共有各级各类民办学校（教育机构）15.52 万所，比上年增加 0.63 万所；其中民办幼儿园 13.93 万所，比上年增加 5831 所；民办普通小学 5681 所，比上年增加 274 所；民办普通初中 4743 所，比上年增加 208 所；民办普通高中 2442 所，比上年增

---

① 《中国 K12 课外辅导行业现状及走向》，搜狐教育研究院，http://learning.sohu.com/s2014/jyktx64，2015 年 11 月 20 日。

② 《2013 年度中国教育培训行业发展报告》，北京民教信息科学研究院，http://www.cnein.ac.cn/html/special/jyhyfzbg/? pc_hash=0ofrHl，2016 年 11 月 6 日。

加67所；民办中等职业学校2343所，比上年减少139所；民办高校728所（含独立学院283所），比上年增加10所；民办的其他高等教育机构799所。另外，还有其他民办培训机构2万所，867.94万人次接受了培训①。大量的数据表明，近年来民办教育的发展整体呈现爆发式增长的特点，并在我国整体教育格局中占有越来越重要的地位，应予以足够的关注。

（二）中国民办培训机构行业分布的集中化

相关调查显示，我国民办培训机构的行业分布呈现集中化的特点。

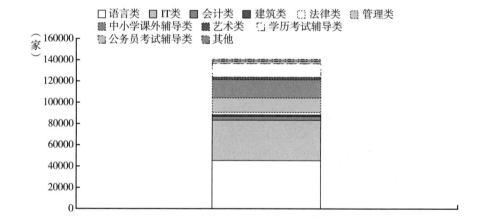

图1　中国各类教育培训机构统计

资料来源：胡锦澜：《中国教育培训市场供需细分与市场前景分析》，http://learning. sohu. com/s2013/jyktx23，2016年11月6日。

---

① 《2014年全国教育事业发展统计公报》，教育部网站，http://www. moe. edu. cn/srcsite/A03/s180/moe_ 633/201508/t20150811_ 199589. html，2016年11月6日。

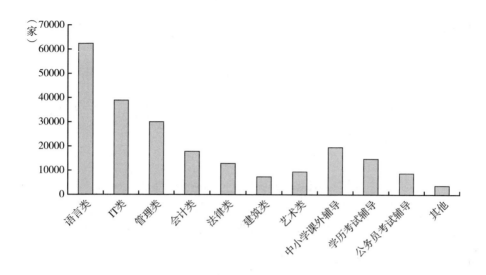

图2　中国教育培训机构开设课程情况

资料来源：胡锦澜：《中国教育培训市场供需细分与市场前景分析》，http：//learning. sohu. com/s2013/jyktx23，2016 年 11 月 6 日。

由图 1、图 2 可见，中国民办培训机构行业分布大体呈现集中化的特点。在众多的培训行业中，语言类培训不论是在机构数量还是在课程数量上都独占鳌头。其次是 IT 类、管理类课程数量占据多数，但是中小学课外辅导机构的数量也颇为庞大。这些数据不仅反映了中国教育培训的行业分布，也从另外一个角度反映出中国教育培训行业的市场需求。

中国民办培训机构的分布之所以呈现这样的特点，与改革开放以来中国经济的迅猛发展以及国外大量资讯、技术的吸收引进密切相关。国际接轨导致语言的学习成为一项必备的技能，越来越多的人选择出国深造，学习国外的先进技术，由此激发了语言类培训机构的成长壮大。而 IT 则是技术发展的关键，有越来越多的高科技人才投身其中，为中国科学技术的进步奉献自己的力量。此外，随着高考制度的完善，中小学教育显然成为国家培养人才的重要方式，高考成为国家人才成长的重要窗口，因此，正式课程之外的中小学教育培训也发展得如火如荼。总而言之，中国民办培训机构行业分布呈现集中化的特点，而其集中化的分布又与中国经济的开放式发展紧密相连。

（三）中国民办培训机构地域分布的不平衡

教育培训，需要一定的经济投入。因此，经济的发达与否，对教育培训的发展起着至关重要的作用。一般而言，根据经济社会发展水平，我国可分为东部、中部和西部三个区域。中国民办教育机构的区域分布如图3所示。可以看到，东部地区教育培训机构数量为74295家，占全国教育机构的53%，中部地区为37988家，西部

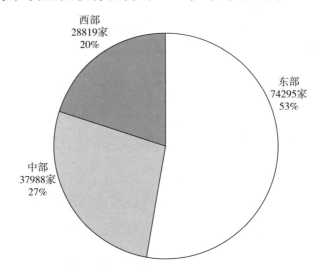

图3　中国民办教育培训机构的区域分布情况

资料来源：胡锦澜：《中国教育培训市场供需细分与市场前景分析》，http：//learning. sohu. com/s2013/jyktx23，2016年11月6日。

地区为 28819 家，中部、西部地区教育培训发展相对缓慢，其潜在发展空间和需求巨大。教育培训机构数量的多少，因各个省份经济发展水平的不同而不同。

三　中国民办培训机构市场特点

（一）中国民办培训机构规模呈现"大少、小多"的特点

与巨大的市场潜在规模相比，中国的教育培训业目前可以说尚处于起步阶段，虽然教育培训机构已有十几万家，但资金规模超过 10 亿元的屈指可数。此外，培训行业先天资金分散，几大行业龙头合计在整个课外市场总量中占比不足 5%，且集中在北京、上海等国际化大城市。相反，一些资产规模在一百万元以下的小机构却多如牛毛，各个区域都有分布，且占据着整个辅导机构市场一半以上的份额。因此，中国培训机构在规模上表现为大机构数量少、小机构数量多，呈现"大少、小多"的特点。

依据学生数量及人均 GDP，可以将全国分为五级市场。北京、上海、广州、深圳等一线城市行业集中度较高，进入品牌化竞争阶段，市场结构相对稳定；杭州、南京、重庆、西安、成都等二线城市是上市公司进行业务扩展争夺的主要区域。一线市场竞争激烈，市场规模及行业格局基本稳定；二线城市潜力很大，是业务拓展的主要区域；三线及以下市场全国性品牌较少进入。

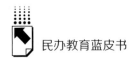

以 K12 课外辅导市场为例，根据 IDC 的数据，2013 年中国 K12 课外辅导市场规模超过 2000 亿元。市场的龙头机构新东方 2013 年 K12 业务大约为 29 亿元，只占 1.45%。紧随其后的学大、好未来 2013 年分别是 21 亿元和 17 亿元，TOP 3 的合计数为 67 亿元，仅占总体的 3.35%。如果再将后面七位的龙文（10 亿元）、巨人（8 亿元）、京翰（7.5 亿元）、卓越（7 亿元）、精锐（7 亿元）、昂立（3.3 亿元）、邦德（3 亿元）全部加起来，TOP10 的合计营收为 112.8 亿元，占总体市场的 5.64%。而很多在当地营收超过 1 亿元的龙头机构，只占总体市场的万分之五[①]。

对于中国 K12 课外辅导机构来说，5 亿元是一个分水岭，资产规模超过 5 亿元的机构可称之为全国的领头羊。原因在于，如果只是占据一地，即使是当地龙头，除非是京沪广深一线城市的前两名，否则基本上很难超过 5 亿元的营收规模。而一线城市的龙头，则基本上成为或正在成为全国性品牌。所以，营收超过 5 亿元的机构，基本上是全国性机构或正在进行全国布局，它们的教育理念、业务模式或产品领域也引领着中国 K12 课外辅导机构的发展方向。而 5 亿元以下的亿元级机构主要是 1 亿~3 亿元的地方性龙头机构，基本上一城一家，甚至一城两家，如广州的明师，深圳的邦德，成都的名师堂、戴氏，南京的书人，浙江的纳思等。它们虽然也尝试"走出去"，如成都的名师堂也进入了重庆、南京，但 80% 以上的业务仍来自于某个

---

① 《中国 K12 课外辅导行业现状及走向》，搜狐教育研究院，http://learning.sohu.com/s2014/jyktx64，2015 年 11 月 20 日。

核心城市，可以称之为"地方巨头"。

而亿元以下的千万元级机构更多，除省会级城市外，在省会级以下的二、三级城市中也有大量这样的机构。如成都的新思维、美博教育、优优数学，江苏淮安的佳一数学，广东东莞的星火、慧众等。它们的业务依然以某地为主，可以称之为"地方诸侯"。

百万元级的机构，要么成长于省会级及一、二级城市内，要么是三、四级城市的领头羊。比如，广州的英讯、培贤，武汉的武大广博，珠海的闻达英语、夏越教育、同济数学等。它们在某个学科、某个业务或某个区域有一定的竞争力，可以称之为"地头虎"。

数量多如牛毛的则是那些资产规模在一百万元以下的小机构，可称之为"蚂蚁雄兵"。虽然它们个体营收不大但数量众多，实际上占据了中国 K12 课外辅导机构市场的一半以上份额。

另外，还有一些专业化的机构，专注于某个细分市场。它们虽然业务规模只在亿元左右，但是分支机构众多，甚至遍布全国。比如，专注于小学生作文培训的阳光喔，其直营分校已进入全国七个城市：北京、上海、广州、深圳、武汉、重庆、西安，基本实现了全国性布局，营收也已过亿元。对于这样的机构，不妨称之为"专业机构"。

当然，有一些机构同时具有两种以上的特征。比如北京的高思，从营收上看，达到了地方巨头的规模，但由于北京规模大的机构众多，从特性上看，更像"地方诸侯"。但同时，高思专注于奥数，虽然也有思泉语文，但从业务特征上来看，又有点像一家"专业机构"。

表1 我国 K12 培训机构的划分

分类	营业额	特征	举例
领头羊	>5亿元	完成或正在进行全国性布局,教育理念、业务模式或产品领域引领着中国 K12 的发展方向	新东方、学而思、巨人、卓越、学大、龙文、安博、精锐
地方巨头	1亿~5亿元	一级城市的龙头机构,业务80%以上在一个城市	深圳邦德、广州明师、北京高思、成都名师堂、成都戴氏、南京书人、昂立
地方诸侯	千万元	跟随者或二、三级城市的龙头机构	成都新思维、淮安佳一教学、武汉武大广博
地头虎	百万元	跟随者或三、四级城市的龙头机构	广州英讯、培贤,都浩浩学习
蚂蚁雄兵	一百万元以下	数量众多,但总体占据一半以上的市场份额	—
专业机构	千万元到亿元	领导某个细分市场	阳光喔、昂立

资料来源:《K12 课外辅导全面进入竞合时代》,搜狐,http://mt.sohu.com/20140711/n402122058.shtml,2015 年 11 月 20 日。

这就是中国 K12 课外辅导市场,一个极度零散又日渐饱和的市场①。显而易见的是,中国民办培训办学规模方面呈现大机构小数量、小机构大数量的特点。这些千千万万家的小机构,如毛细血管一般,深入到城市的各个角落,输送源源不断的教育养分,推动着整个地区教育向前发展。

(二)中国民办培训机构培训对象及需求的"多元化、多层次"

巨大的市场,种类繁多的培训需求,也意味着消费群体——培

---

① 《K12 课外辅导全面进入竞合时代》,搜狐,http://mt.sohu.com/20140711/n402122058.shtml,2015 年 11 月 20 日。

训对象的多元化。但这个多元化的消费群体可以按照其需求上的趋同性进行分类，借此来考察 K12 培训市场消费群体的特点。

（1）0～6 岁年龄阶段

随着人们对早期教育和学前教育的重视，各类针对 0～6 岁学龄前儿童的培训项目通过新的理念、新的方法，启发诱导小学员们，满足着年轻家长对宝宝"身、心、性、智"全面发展的培训需求。这个年龄段的孩子，家长的培训需求主要集中在对孩子的性格、兴趣等方面的挖掘和塑造上。

据 2014 年搜狐教育行业白皮书调查发现：选择"增加与同龄孩子接触机会，塑造孩子良好性格"的家长占 29.4%；选择"开发孩子的智力，挖掘潜能"的家长占 22.96%；18.99% 的家长是为了培养孩子的学习兴趣[①]。对于这一年龄段的孩子，家长更愿意把孩子的早期教育委托给更加专业的早教机构。

除此之外，现今，随着数码电子产品的不断更新升级，以及"80 后"父母对数码电子产品的接受度与消费率的提升，各种儿童教育类 App 层出不穷。有数据显示，目前中国婴幼儿数量已达1.08 亿人。婴幼儿教育 App 市场需求，初步展示出极其庞大的市场规模。

在针对家长使用的早教 App 种类的调查中，2014 年搜狐教育消费者调查发现，在琳琅满目的早教 App 中，故事、儿歌等读物类最受家长青睐，比例达到 21.4%；其次是认知百科类，占

---

① 《中国教育行业消费者调查报告》，搜狐教育，http：//learning.sohu.com/20141202/ n406594224.shtml，2015 年 11 月 20 日。

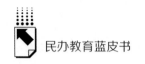

19.69%；其他依次为语言类（17.98%）、动手类（16.89%）、益智类（14.01%）和音乐类（9.88%）①。

（2）7～18岁年龄阶段

对于7～18岁的孩子而言，7～12岁，读小学；13～15岁，读初中；16～18岁读高中。据教育部统计数据显示，截至2012年末普通高中在校生3311万人；普通初中在校生6333万人；普通小学在校生1.14亿人。换言之，7～18岁的市场潜在学员量超过2.1亿人。

目前，不论是小学生还是初高中生，都面临一个同样的问题：考试升学。因此，对于这一年龄段的孩子来说，除了兴趣班外，可能家长考虑最多的就是课外辅导班。

2014年对于中国亿万名学生以及家长来说，是不折不扣的"变革年"。在新的考试与招生方案出台以后，不同考试科目的重要性也发生了变化，这无疑会影响到家长和学生对于课外辅导课程的选择。

据2014年搜狐教育消费者调查显示，投票排行第一的是"会减少报辅导班的数量"（36.82%）；28.6%的网友认为新方案对既定的报班计划没有影响，此外，还有12.93%的网友表示"会为孩子报更多辅导班"。

虽然有大量的人选择"会减少报辅导班的数量"，但40%左右的受访人群仍然没有减少对辅导班的热情。此外，虽然36.82%的人选择减少报辅导班，但只是减少报班，并没有说不报班。也就是说，在受访人群中，有接近80%的家长都给孩子报了课外辅导班。换一个说法，

---

① 《中国教育行业消费者调查报告》，搜狐教育，http://learning.sohu.com/20141202/n406594224.shtml，2015年11月20日。

这一阶段的孩子，80% 都在外面上着各种课外辅导班。

7～18 岁的孩子，虽然都报有各种课外辅导班，但是具体来看，情况也不尽相同。

7～12 岁的孩子，多处于小学阶段。在目前我国小学升初中的政策下，尽管有少量的学生希望通过择校考试的方式升到自己心仪的学校，但是绝大多数的学生仍然是以对口直升的方式读初中。因此，这一阶段的孩子，相对来说偏向兴趣和素质方面的培训，除此之外，则是教孩子做作业的托管班比较多。13～18 岁的孩子，面临中考和高考，因此，在辅导班的选择上，更多会倾向于应试提分类辅导班。

除此之外，小学阶段，孩子课余时间较多，而初中、高中因为考试压力以及学校对于升学率的追求，相对来说课余时间较少，这种时间上的多少，都直接、间接地影响到接受培训的形式与需求。

（3）19 岁以上年龄阶段

19 岁，大多数学生已进入大学。23 岁左右，除了部分人选择继续留在学校学习外，大多数学生会进入社会。

这一年龄段的人员培训需求呈现更加多元化的发展。出国留学的培训、考研培训、公务员考试培训是这一年龄段最为火热的培训行业。相对于高中生和已经有工作的人员，他们的时间较为充裕。

而对于更多的在职人员来说，虽然他们有着较强的付费能力，但是受到工作时间或者家庭方面的双重挤压，时间非常有限，在线学习迎合了这一特点，不少学习者选择了在线职业培训，互联网教育火热兴起。

调查显示，37% 的人通过不同平台在线学习（MOOC 学习占

18%、购买网络培训课占19%），这与35%的人接受面授的传统方式基本持平。值得注意的是，在职业培训的种类方面，技能培训和学历教育所占的比例仍较大，分别是27%、23%[①]。通过对不同年龄层次与教育需求的分析可以看到，我国民办培训机构在其培训对象与需求方面，呈现"多元化、多层次"的特征。

（三）中国民办培训机构市场渠道呈现"线上线下并进式"

培训机构招生模式，主要分为线上和线下两种模式。K12在线教育虽然非常火爆，但是对于培训机构而言，主流的模式仍然是线下招生模式。

1. 传统的线下渠道

传统的线下渠道，是传统机构在过去几年疯狂发展阶段最常用的一个市场招生手段。虽然由于一些原因，目前直邮、短信等一些线下市场手段已经逐步被大家所摒弃，但地推、直投收单依然具有生命力。学校门口、人员密集的大型商场、中高档社区内、大型活动现场等场所都会经常出现各个机构的地推人员，手拿大量单页、招生简章比较精准地向目标客户群体进行派发，同时也会结合一些吸引学生的小礼品、吸引家长的资料书籍，形成有效收单，在整个过程中如果客户表现出一点点意向，地推人员就会不断跟进直至引导至学习中心。在诸如书城、书展、教育类大型活动现场安放展台，进行产品宣传、信息登记，也是常见的招生手段。

---

① 《中国教育行业消费者调查报告》，搜狐教育，http://learning.sohu.com/20141202/n406594224.shtml，2015年11月20日。

这里所罗列的各类线下渠道，虽然都是比较传统的一些招生模式，但这些渠道不仅在过去为整个线下行业带来了充足的生源，即使在目前线上渠道火热的情况下依旧发挥着足够强大的功能。相比于线上渠道，线下渠道有时间短、见效快的独特优势。

2.学校渠道

通过学校渠道招生，关键在于打通学校与培训机构的关系。通常，培训机构会派遣名师到学校中进行讲座，吸引目标客户，招揽充足的生源。此外，还有培训机构会借助学校教师的力量，在学校内部为培训机构开展宣传，并推荐潜在的生源客户。

3.网络营销

（1）SEM 渠道营销

搜索引擎营销（Search Engine Marketing，SEM），是目前教育行业比较主流的，同时也是产出最大的线上营销渠道。越来越多的教育培训机构重视这一渠道的招生营销，更加愿意将市场招生费用投入其中，提升自身在网络上的搜索率与点击率，以便招揽更多的生源。

（2）内容营销

依托强大的网络进行内容营销，这条渠道里比较有代表性的是好未来。好未来专门挑选各个年级、各个学科的优秀教师，组成学科团队，他们的主要工作之一是在论坛与客户进行深度互动，同时引导客户自主生产内容，以及围绕热点生产内容，甚至创造热点促进招生开班。

一个优质的论坛不仅可以提高客户黏度，配合着资讯网站更能吸引大量的流量，同时在网站、论坛部分做好页面布局以及课程产

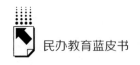

品的交互展现，就是一条完整的招生渠道。这条渠道的招生成本基本以网络运营人员的人力成本为主，是一条性价比相对较高的渠道，目前很多机构也开始效仿这套招生模式。

（3）深度的 QQ 群互动营销

在 QQ 群里每天都可以直接与目标客户群体进行直接沟通，在营销深度上具有独特优势，因此这一渠道也被培训机构广泛采纳。

据统计，一个 2000 人的 QQ 群如果开展了准备话题、策划群活动等各项工作，在最初的几个月积淀期结束后每周可以产出 8 ~ 10 个一对一意向客户，对比目前一对一行业内的平均资源成本，这样的产出还是比较理想的①。

（4）App 移动端招生

随着智能手机的普及以及微信平台的发展，越来越多的人开始布局移动端招生渠道。目前，市面上的一些新兴 App 产品，如猿题库、爱考拉、梯子网等，已经开始大力开展移动端招生。但另外一些传统教育机构制作的 App，目前仍更多地处于辅助教学效果的阶段，还没有成为可行的招生渠道。

以上大致就是目前 K12 领域比较主流的招生渠道及其简单运营模式，从线下招生来看线上，其实招生背后的逻辑都是相同的，即同时满足学生和家长的双重需求，以客户为核心来开展工作。这种线上线下并进的招生渠道模式，为我国民办培训教育的发展壮大提供了有力的支持，也展现了民办培训教育领域的创新活力与旺盛的生命力。

---

① 《教育培训机构招生渠道及运营模式大全》，http：//wenku. baidu. com/view/2bf08f7f700abb68a882fb73. html？from＝search，2015 年 11 月 20 日。

（四）中国民办培训机构扩张模式的"发散性、辐射性"

为了进一步抢占课外培训市场，将企业做大做强，K12 的各类课外辅导机构都通过不同的形式进行扩张，其扩张的策略与模式，大致分为以下三种。

1. 中小学直营与连锁

从扩张模式上来说，中小学直营和连锁一直是各类培训机构比较多采用的扩张模式，但真正做大的企业多数还是采用直营的模式，加盟连锁的很少，即使以前有一些初期做连锁的，后期为了上市或规范化管理也都重归直营模式。教育行业与餐饮、连锁酒店行业不同，教育不是提供标准化的商品，学生支付的也不仅仅是金钱，还有时间和机会成本，所以行业品牌很重要。另外从扩张策略上来讲，从目前比较著名的教育培训公司来看，有以下策略。

（1）深耕一地，稳步扩张

比如，以北京为中心的学而思，以广州为中心的卓越、以上海华东市场为中心的精锐。学而思最开始立足于北京市场，后来拿到融资之后才开始扩张，直到上市。目前学而思在全国也只是进入 14 个城市，是一种深耕一地，稳步扩张的格局。

学而思 2007 年获得第一轮千万美元风投后，开始从北京海淀向东城、朝阳、丰台等区县扩张，2008 年首度进军京外的天津、上海、武汉三地。2009 年获得老虎环球和 KTB 的 4000 万美元二轮融资后，逐步开拓华南市场（广州、深圳）。2010 年其在纽交所上市，融资 1.2 亿美元，在京外 4 个城市新建分校。截至 2012 年 2 月 29 日，学而思已经在全国 14 个城市拥有 270 所教学中心。

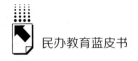

（2）先规模化再规范化

比如龙文教育、学大教育等，它们采用了快速跑马圈地，先把规模做大的模式。这种模式可以快速占领市场，抢到先机，树立一定的品牌形象，但后期会面临规范化问题。如学大教育，目前在60多个城市有300多个教学点，年营收超14亿元，按营收来看是业内规模最大的。近几年异军突起的龙文教育也很典型，仅四五年的时间已经在全国50多个城市开了1000多个教学点，是教学点最多的中小学课外辅导机构①。

（3）利用已有品牌和渠道

新东方涉足教育较早，品牌在全国很有影响力，泡泡少儿和优能中学利用新东方已有的品牌优势和已有的中心网点迅速向全国扩张。教育培训行业学生的转化成本较低，很容易将对这个公司一款产品的认知转移到另一款产品上，新东方此前在留学英语培训方面有很好的口碑和品牌认知度，而且在管理和渠道上都有一定的积累，所以进军到K12市场以后扩张很快。虽然优能中学目前在全国的教学点数量没有披露，但是它已经覆盖了全国30个城市。

2. 收购整合

公开收购，虽然在行业内争议比较大，但也是比较常见的一种扩张模式，如安博教育。安博虽然比较晚才开始进入教育培训市场，但它较早地注意到了区域培训公司的价值，于是借助资本的力

---

① 《中小学课外辅导的扩张之路》，百度文库，http：//wenku.baidu.com/link? url = m2XF－Cq4hNbawmufc4Xmo8fbTKxaJK5P－v27f_ ROP1SHsnP8Dv_ kcnhTgkIjMAinoWVK4UwVZFS4rzf5r UnuwbrWzdoA7Xlz9hntXrLSXGK，2015 年 11 月 20 日。

量整合了十几家区域性的中小学课外辅导机构，用收购整合的方式完成全国扩张。

3. 产品线扩张

（1）学科的扩张。学科的扩张，是指从单一学科向多个学科扩展。有些公司在初期专注于某一个学科，发展到一定规模的时候扩展学科，比如学而思之前重点是奥数、理科，后来扩张到全科；新东方有英语学科上的优势，优能现在也扩展到全科（目前非英语学科在优能营收中占65%）；巨人早期主要是艺术培训，后来进入家教市场，扩展到全科。

（2）方式的扩张。这里主要指培训方式的扩张。比如学而思之前主要是做小班，近年来也开始做智康一对一；学大开创了一对一的教学模式，2011年开始做菁英学堂小班作为补充。

（3）业务的扩张。业务的扩张，是指从开始的专注于某一年龄段的业务，逐渐扩张到其他年龄段的业务。如从中小学数学培训，逐渐扩张到幼儿教育、国际高中、留学、夏令营等。例如，新东方基于传统语言培训和留学市场优势发力麦格森，SAT目前是新东方增长最快的留学语言考试项目，年增幅超过50%；新东方VIP学员中有50%～60%是K12学员，目前整体开设的英语类课程中有16%与K12领域有关。K12留学相对其他项目利润率更高，其中一对一模式平均费用是每人2000美元；1对5项目平均每人1000美元[①]。

---

① 《中小学课外辅导的扩张之路》，百度文库，http://wenku.baidu.com/link？url＝m2XF－Cq4hNbawmufc4Xmo8fbTKxaJK5P－v27f_ROP1SHsnP8Dv_kcnhTgkIjMAinoWVK4UwVZFS4rzf5r UnuwbrWzdoA7Xlz9hntXrLSXGK，2015年11月20日。

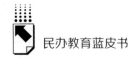

综合而言，我国民办培训教育无论在其扩张策略还是扩张模式，都呈现一种发散性、辐射性的特点。其往往有一个围绕的核心，或是已占有的地域，或是已有的品牌、规模、渠道，以及学科、培训方式与培训业务，先有一个成熟的典型，然后再向四周扩散。这样的一种扩张模式具有极强的稳定性和适应性，以一个成熟的基点为中心，稳扎稳打地占领越来越多的教育培训市场份额，是一种立足现实的成功扩张策略。

（五）中国民办培训机构培训形式"线上线下并存"

传统意义上的非学历教育培训是通过面授来进行的，随着教育培训受众对培训质量和培训环境要求的不断提高，面授的培训形式由大班化教育培训逐步转化为小班化或是一对多、一对一。同时，随着信息技术的迅速发展，网络教育突破时间与空间的限制，以便捷、灵活的方式向受教育者提供各种教育信息和培训项目，成为民办非学历教育机构的又一种培训形式，在实际办学中广泛普及。面授加网络教育的培训形式也正在被更多的教育培训受众所接受。

1.传统的面授形式

（1）大班授课

采用面对面教学方式，且每个教室有超过40人以上的学生。这是最传统的课外辅导形式，其优势在于一个教室可以为多个学生提供服务，学生多为口碑传播奠定基础；且在该模式下易保障老师收入，能够吸引高水平教师。

但是大班授课的缺点在于开班难度大，大班教室和场地成本高于小班，毕竟六七十人的班级比二十人的班级难报满，如果为大班授课准备了较大的教室面积，却没能开起来，这对于机构明显是不利的；单个教师对学生关注有限，水平不一的学员一同听课一定程度上影响效果，这也是该模式逐渐趋于萎缩的原因。

根据搜狐 2014 年教育行业白皮书显示，目前比较知名的培训机构中，采用大班授课的已经非常少了。以新东方、学大、好未来三家上市培训机构为例，目前有大班的只有新东方。新东方优能有一定的大班业务，其大班业务占到全部班级的 36%[1]。优能凭借地利（和海外考试并用教学点、教室方面有协同性）、人和（传统名师聚集和集团口碑效应）两大优势，预计未来依旧会强化该部分，毕竟这种模式下教师个人和机构都有可观的收益，有利于保障教学水平、口碑传播和人员稳定。

（2）小班教学

采用面对面教学方式，且每个教室有 10～40 名学生。这是目前发展最快速的培训形式，主要有以下四个方面原因：20 人左右的班级一般 5 人能保住成本，机构开班压力小；老师可以关注到每一位同学的需求，效果有保证；小班教学模式让同学间有一定的互动，减少学习枯燥的感受；收费可以被绝大多数家庭所接受，有市场。

据搜狐 2014 年教育行业白皮书统计：目前比较知名的全国性教育机构中，基本上都有小班业务。其中，学而思主打小班业务，

---

[1] 《中国 K12 课外辅导行业现状及走向》，搜狐教育研究院，http：//learning. sohu.com/ s2014/jyktx64，2015 年 11 月 20 日。

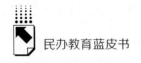

新东方优能中学除了大班外也有一定数量的小班业务。

(3) 一对一（VIP）

相对于小班而言，更加精品化的培训形式，有一对 n 模式和一对一（VIP）模式。一对 n 这种模式是一个老师面对面辅导 5 个及以下学生的形式；一对一（VIP）模式，是一个老师面对面辅导 1 个学生的形式。

随着中国高收入家庭数量的增多和人们对个性化辅导需求的增加，这种以学生的具体情况和需求为基础的个性化辅导服务近年来不断普及。其与中国传统的家教服务非常接近，只是由专门的培训机构来运作以后，分工更加细致，教学质量等也更有保证，而且服务要求进一步提升。甚至在实际操作中，虽然学生面前是一个老师，但由于分工、学科差异等实际上学生享受的是 n 对 1 的模式，即针对每名学生配备多人的教学团队提供服务。

但是一对一的缺陷在于：一是单个学生对于教师时间、场地占用固定，利润率低；二是虽然家长支付不菲费用，但是教师收入难敌班组，优秀教师留不住；三是课时单价在 200 元/小时左右，一般家庭不具备长期承受能力。

总之，班级教学是最传统的教学模式，受中小学生需求分散、地缘要求高、自律性差等影响，课外辅导每个班次招生人数一般不太可能像留学英语培训那样有几百人的规模，随着竞争加剧，培训机构的开班招生要超过 30 人都比较难。班级对教师的要求与班级容量成正比，教学经验丰富、课堂控制能力强的明星教师目前仍能保持百人以上的班级，所以名师一直以来都是各大培训机构争夺的稀缺资源。

相对于班级模式，VIP 模式对教师要求不那么高，更强调匹配。整体看，进入门槛较低，复制、扩张容易，但是由于飞速发展近年来也出现一些问题。该模式可以说是"劳动密集型"业务，利润率也相对较低，所以新东方、好未来都强调管控 VIP 模式增长，新东方要求将其控制在集团收入 20% 以下，好未来表示不会让智康的营收占比超过 30%①。

2. 线上培训

传统教育培训机构不断构筑自己的移动互联网教育护城河，在稳固线下培训的同时，通过 PC 端、移动端进行市场开拓，实现线上与线下教学的结合。

（1）家庭作业问答平台

了解一个学生对知识点的掌握情况和检查其学习效果的重要手段便是课后作业和练习，这也是家长、学生、老师关心的最重要的方面。从学生的作业练习入手，成为很多在线教育公司瞄准的突破点，更何况在这一环节入手，相比于其他的在线教育产品，更容易在短时间内积攒大量的用户数据。

2014 年，在题库产品风潮中，手机"扫题"、社交类家庭作业问答平台等移动端 App 不断出现，如魔方格、爱考拉、作业帮、学霸君、求解答等产品。以魔方格作业神器为例，在这类"学渣问问题，学霸来答题"的社交类家庭作业问答平台上，用户可以

---

① 《中国 K12 课外辅导行业现状及走向》，搜狐教育研究院，http://learning.sohu.com/ s2014/jyktx64，2015 年 11 月 20 日。

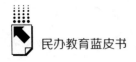

将题目通过手机拍照提问，让学霸进行回答，作业神器根据学霸回答和采纳数量，评选乐帮达人或采纳之星。

（2）数据管理

在移动互联网时代，基于大数据对学生学习状况的分析、智能推送使家长、教师、学生三者之间的沟通变得非常方便。在当前的互联网教育热潮中，大部分的教育创业项目都在试图做这样的教育智能平台。

传统教学老师讲题时，哪道题讲得多讲得少、教学的安排分配更多凭老师自己的判断，且对学生成绩的数据化管理和分析工作做得甚少。快乐学继 2013 年推出扫题产品之后，2014 年 11 月上线教、学、管一体的数学平台。在这类产品中，通过学生在系统上做题，系统就能迅速反映出哪些题目容易出错，哪些应该是老师的教学重点。这带有了某种大数据色彩，通过大数据来搜集学生的学习习惯和状态，建立错题库来确定老师的教学重点，让老师的教学和学生的学习更有效率。

（3）虚拟课堂

人工智能设备、虚拟现实将是移动互联网之后的下个重大革命性技术。在在线教育的大潮下，中国的多家教育机构、硬件厂商、互联网公司不仅看到了 PC 端、移动端的机会，也在想办法占领客厅教育，用虚拟课堂的形式实现直播教室与电视机、电脑、手机、iPad 的 4 屏联动。

巨人教育借助国内民营电信运营商技术，将线下的课堂转换到线上，学生可通过电视、电脑、iPad、手机等终端订制巨人教育新频道，接受课程教学，并实现互动提问。

四 中国民办培训机构面临的困境

（一）属性定位模糊，相关的法律依据有待细化

民办教育培训机构兼具教育机构与商业机构的双重属性，然而在实际运营过程中，其作为商业机构的经济属性往往被过度放大，而作为教育机构的教育属性则在某种程度上被弱化了。根据《民办教育促进法》的规定，民办教育培训机构具有公益性和民办非企业法人的属性，但该法强调"民办教育事业属于公益性事业"，并回避了"投资"和"收益"等概念，只规定"出资人可以从办学结余中取得合理回报"。而且在现实中，一些民办教育培训机构并不是以其在工商部门注册登记的公司的名义直接从事教育培训活动，而是以该公司作为民办学校的举办人或者出资人，向教育行政部门或劳动保障部门申请设立民办学校，然后以民办学校的名义再从事相应的教育培训活动。

民办教育培训机构属性定位的不清晰，使得其从诞生至今，始终行走在公益和营利之间，并导致在培训宣传、培训收费、培训质量、缴纳税费等方面出现种种问题。

（二）品质参差不齐，运行机制与经营模式亟待完善

在教育培训市场的巨大需求推动下，相对于学校教育来说，民办教育培训的形式更加多样和灵活，如"一对一"或"一对多"等私人之间的培训等，但这些培训模式往往缺乏市场准入规范，难

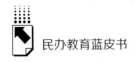

以对其进行监管。另外，一些培训机构以营利作为首要的甚至是唯一的目的，在市场运行的规范性和经营模式的有效性等方面存在不少问题，导致现有的教育培训机构品质参差不齐，社会声誉差异较大。

第一，从民办教育培训行业标准来看，目前缺乏相应的行业标准，政府、市场、教育培训机构三者之间资源配置的机制也不明晰。

第二，从从业准入门槛来看，由于社会需求旺盛，民办教育培训业的准入门槛偏低，中小型民办教育培训机构数量众多，同时还存在不少未经任何政府部门批准而开展教育培训活动的机构，由于它们通常都未达到相应的办学标准，教学与服务质量也难以得到保障。

第三，从培训业务质量来看，不同机构在教学管理和培训质量等方面差异很大，不仅在课程设置、教材选择等方面随意性较大，而且在培训模式和内容上也存在趋同化和低水平盲目竞争的倾向。

第四，从经营形式来看，直营与加盟是民办教育培训机构市场扩张的基本路径，而加盟方式由于管理权相对分散，内部品质监管不到位，往往成为教学服务品质投诉的重灾区。

（三）师资力量薄弱，专业化建设亟待加强

一个学校的生存与发展，很大程度上取决于师资队伍的建设。但由于许多民办培训机构的投资者只从经济角度考虑，为节约教育成本，不重视师资队伍的建设，使教师队伍中普遍存在以下问题。

1.培训者的资格准入和职业培训制度尚不健全

很多民办教育培训机构招聘的教师多是半路出家，往往不具有系统的教育学、心理学知识，并缺少相应的职业能力训练，而目前对培训者进行职业培训和辅导的机构很少，在职培训机制亦不健全，导致专业培训者严重匮乏。

2. 专任教师教学负担过重，无暇顾及教学质量

比如某一民办培训机构，专职老师每个星期带14节以上的课，还要做服务和续学，留给专研教学内容和教研的时间非常少，根本无暇顾及教学质量。

3. 教师年龄结构不合理，梯队建设问题突出

基于民办培训学校的社会认可度和工资待遇不高，高学历、教学能力强的中青年教师一般不愿意到这类学校工作，民办培训学校只好招聘一些退休教师或大学刚毕业一两年的学生。教师队伍中青黄不接的现象突出，缺乏年富力强的中坚教师，直接影响民办培训学校的发展后劲。

4. 教师压力过大，教师队伍人心不稳

民办办学单位采取民营企业经营模式，为节约办学成本，提高投资回报，对老师们都会有销售业绩的压力，这使得教师们普遍感觉压力过大，缺乏一种安全感与稳定性。

5. 针对教育培训市场的人才培养、培训者的培训和科学研究未得到充分重视

目前，我国尚无高校设置相关专业方向或模块课程，研究教育培训市场和培训模式问题的专家学者寥寥无几，相关研究文献和成果较少，难以为教育培训行业的发展提供有效的智力支持和政策咨询。

此外，不少民办教育培训机构的管理人员缺乏市场运作的相关经验和知识。培训机构的管理人员大多承担的是教学组织管理和后

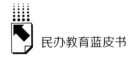
勤服务工作，对于经济发展规律和教学规律、市场运作和商业策略等缺乏足够的经验和知识，这也制约了民办教育培训机构的可持续发展。

（四）市场监管缺位，规范管理和鼓励发展的制度亟须健全

办学形式的灵活性和自主性是民办培训教育的特点与优势所在，然而长期以来，政府对教育培训机构实行多头管理。根据《民办教育促进法》的相关规定，民办社会力量办学机构应由民政部门负责审批、备案，由教育行政部门负责学历教育培训机构管理，由劳动保障部门负责职业技能培训机构管理，而其审计工作则由税务部门负责。多个部门参与民办教育培训机构的管理，在实际运行过程中往往容易导致相互推诿、规范管理制度不统一、鼓励发展政策不明确等现象的产生。加之教育培训行业协会还未建立，部分民办教育培训机构的法律意识和自律意识不强，往往片面追求经济效益，忽视教育目标和社会效益这些因素无疑会影响和制约教育培训行业和教育培训市场的健康可持续发展。

B.4
中国民办培训教育的典型案例

金小娟　黄瑾晨　胡　晶*

摘　要： 当前，中国民办培训教育已经取得了较好的发展，彰显出了民办教育领域教育变革与创新的突出势头。早期教育培训、课外辅导培训、职业教育培训和在线教育培训发展得如火如荼，已形成了具有自身特色的经营模式和发展态势，引领了我国教育培训市场的发展方向。

关键词： 早期教育培训　课外辅导培训　职业教育培训
　　　　　在线教育培训

本文从早期教育培训、课外辅导培训、职业教育培训和在线教育培训四个方面，梳理相关类型的典型案例，详细地展现中国民办培训教育的发展面貌。

一　早期教育培训机构的办学案例

随着婴幼儿家长对0～5岁早教概念的逐步接受，早教日益受

---

* 金小娟，女，阳光喔教育集团新语文研究院院长；黄瑾晨，女，阳光喔教育集团新语文研究院科研部主管；胡晶，女，阳光喔教育集团新语文研究院研究人员。

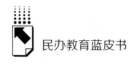

到重视。2006～2013 年我国 0～5 岁婴幼儿数量由 7992 万人增加至 8098 万人，呈逐年小幅上涨的趋势；第 6 次人口普查结果显示，我国 0～14 岁儿童超过 2.2 亿人，约占人口总数的 16.6%。党的十八届三中全会通过的《中共中央关于全面深化改革若干重大问题的决定》对外宣布坚持计划生育的基本国策，启动实施一方是独生子女的夫妇可生育两个孩子的政策。时隔两年，我国迎来又一次人口政策调整，十八届五中全会决定：坚持计划生育的基本国策，完善人口发展战略，全面实施一对夫妇可生育两个孩子政策，积极开展应对人口老龄化行动。粗略预计显示，如果"二孩"政策全面放开，全国每年会新增 1000 万名新生儿。由此可见，中国早教市场的发展潜力非常巨大。

目前，国内比较受欢迎的有金宝贝（Gymboree）、美吉姆、亲亲袋鼠、天才宝贝（FasTracKids）、幸福泉、东方爱婴、新爱婴等众多国内外早教品牌。其中，最具代表性的莫过于金宝贝和幸福泉。

（一）金宝贝：以完整的产业链领跑行业发展，以强化师资绘制发展蓝图

1. 发展历程

作为全球早教第一品牌，金宝贝主要针对 0～5 岁幼儿进行潜能开发，提供寓教于乐的学习课程。

1976 年，创始人琼·伯恩丝在美国三藩市创建了第一家金宝贝早教中心，为 0～5 岁家庭服务，倡导亲子共同参与课程。1986 年，第一条金宝贝儿童裤子设计并制作出来。金宝贝进入童装行

业，它几乎成为孩子们的"上课专用服装"。随后，金宝贝不断丰富设计路线，将适合各类场合穿着的童装全面推向美国市场乃至国际舞台，逐步在全球不同国家和地区开设早教中心和童装门店。

2003 年，金宝贝早教走进中国，在上海成立第一家金宝贝早教中心，从此打开中国早期教育新篇章。2012 年，金宝贝童装隆重进驻中国，同年 9 月，金宝贝童装天猫商城官方旗舰店上线。2014 年 6 月，金宝贝正式推出升级版的专属家庭育儿成长品牌——金宝贝私·享·汇（ParK Gymboree），全球首家落户于北京蓝色港湾。2014 年 8 月，金宝贝童装网上商城 Gymbo Shop 盛大开业。

至今，金宝贝在全球已经开设了 700 多家早教中心，逾 1000 家童装门店，遍及全球 41 个国家和地区；在中国，金宝贝开设了逾 200 家早教中心，近 20 家童装门店，覆盖 130 多个城市[①]。

2. 运营概况

（1）课程：专家团队自主研发，尝试融入中国元素

金宝贝结合自身优势，融合中西方文化，在国际化和本土化之间寻找平衡点，提出并践行着被奉为"早教哲学"的六大理念：

快乐中学习 Fun! 游戏＋体验＝学习 Play + Experience = Learn

在变化和乐趣中重复 Repeat with Variety & Fun

跟随孩子的发育步伐 Follow Kids'Lead

---

① 《品牌故事：金宝贝》，http：//www. gymboree. com. cn/story，2015 年 11 月 20 日。

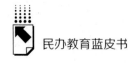

理解每个孩子的独特性 Each Child is Unique

给孩子"肯定"的环境"Yes" Environment

金字塔的学习方式 Play Pyramid

在课程方面，金宝贝拥有强大的技术核心，即以学前教育、幼儿心理学、幼儿活动和身体健康等领域的专家为智囊团，在美国总部设立专业的课程研发部门。同时，与各种幼儿发展专家、各类学术组织保持长期合作，为研发科学、系统的课程寻求一流的技术支持。

一直以来，金宝贝课程体系由美国总部开发，再引进国内，目前课程包含育乐、音乐、艺术、环球宝贝、学校技能及生活技能，育乐课和音乐课是其中的主打课程。值得注意的是，在保持课程全球一致的同时，金宝贝在中国也积极探索如何让课程更加贴合中国国情，为课程注入中国元素，实现课程创新。金宝贝中国区总经理陈炜介绍，"美国总部派课程研发团队多次到中国收集资料信息、做调查，不断听取中国老师和家长的反馈，该课程在上海金宝贝浦东中心作了为期一个月的试课，共有近百位家长参与试听，超过90%的都给出了极高的评价。现在这种新的音乐风格被推广到了全世界。另外，金宝贝还直接开设一些中文选修课程来满足不会说英文的家长"。①

综合各方面因素，金宝贝展现出独具特色的五大教学特点：①课程全球同步，与国际接轨；②全程美语教学，辅以中文讲解，

①《探访：为什么金宝贝可以风靡中国》，太平洋早教，http：//edu. pcbaby. com. cn/center/gymboree/1101/979210. html？ ad = 2267，2015 年 11 月 20 日。

为孩子营造双母语的学习环境；③强调亲子互动式学习，倡导全人教育；④针对不同年龄幼儿的教育需求，设计、运用不同的教材，实现分龄教育；⑤视不同课程实施小班制教学。

（2）硬件：设施齐全，行业领先

在硬件方面，由于资金雄厚，金宝贝硬件设施齐全，教具丰富。在经历四十年的历史变迁后，金宝贝的教具经过设计师们的不断研发、设计和制作，从最初的简单玩具变为材质革新、安全系数逐步提升且对孩子成长有益的课堂必备工具。这是同类早教机构无法比拟的。

（3）师资：做早教行业的"黄埔军校"

目前，我国大专院校没有针对0～3岁早教的专业，教育部门也没有对早教人才进行资格认证。早教机构的教师来源主要是幼师专业的学生或有幼儿园从业经验的工作者，在接受企业内部培训后上岗。

金宝贝的课程实行了全球化、一致化，因此确保老师对课程的执行力就非常重要。金宝贝的教师不仅都是本科毕业，而且绝大多数都通过英文专业8级，不少人还有海外留学背景。所有老师上岗以前要经过严格的教学培训和残酷的淘汰制度，只有这样才能获得最基本的助教资格。

在连锁加盟的经营模式下，师资培训是保证教学质量和服务质量的重要手段，是金宝贝企业战略的重中之重。金宝贝拥有完善的培训理念和机制，集中在上海对全国老师进行培训，并且长期派遣美国总部人员在中国，举办亚太区指导师培训营以及发展全球性早教研究中心。从2012年开始，金宝贝就很少关注外部的恶性竞争，

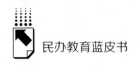

而是把工作重心转移到金宝贝下一个五年规划上来，试图通过创新，让更多的家长参与和关注金宝贝。从此，金宝贝索性就计划做一个"黄埔军校"，在未来计划成立培训中心、研发中心专门培养早教行业的老师，支持这一朝阳产业的发展。

（4）经营模式：品牌认同度促成"上帝"到"伙伴"的角色转换

金宝贝不做直营连锁，以加盟连锁为经营模式。据了解，金宝贝的加盟商有近80%是金宝贝以往的家长。家长先是作为客户来体验金宝贝，在深度体验过金宝贝的课程和产品后，发自内心地认同再加入加盟群体，这是对品牌的传承和延展最有力的保障。

经营管理能力，包括品牌营销、店面运营和人员管理是金宝贝考核加盟商的标准之一。资金实力也会作为金宝贝考虑因素之一，但相对次要。对于庞大的加盟商体系，如何做加盟标准化复制是金宝贝的经营法宝之一。

首先是课程教学的标准化，从授课内容到教学质量，由总部严格把控，并对指导老师进行评级。其次是中心环境和运行流程的标准化，从硬件设计和装修，到接待咨询流程。在保证全国统一的同时，也同步分阶段地升级换代，持续创新。接下来，总部需要支持中心，即管理方面的引导和培训。总部将以实战型MBA案例的教学方式，指导中心如何规划好业务，如何管理好团队，覆盖一系列管理议题，培养出一批又一批早教行业的成熟管理经营人才。

统一思路，建立真正的"总部—加盟商"共赢体系是金宝贝要解决的核心问题。落实到实处则体现在确立金宝贝大家庭的行为准则：分享＋创新＋引领，创造和谐上进的氛围。此外是投入大量的资源在平台和工具的打造（GYMBO CLUB、GYMBO MATE、GYMBO GUIDE 等）上，给中心提供可持续的支撑，提升客户体验，提高工作愉悦感。提出 GROW WITH GYMBOREE 的企业文化，源源不断地对中心进行经营和管理方面的培训，提升整体加盟经营者的思路和能力，提高员工在金宝贝家庭中的成就感。①

3.发展亮点

（1）形成完整产业链，引领行业方向

早教发展的初级阶段主要是开展培训课程，接下来行业发展将是对早教玩具和教具的开发、图书和光盘出版、早教师资培训服务、家庭教育指导服务等。单一地开展培训课程已经无法满足市场需求，早教品牌必须延伸至能够与培养孩子智商、情商、德商等综合素质相关的教具、玩具、图书、食品、饮品、服饰、体育、旅游等数十项产业。相比同类机构，金宝贝针对市场需求做出相应的策略调整，成功进行产业延伸，将早教涉及的行业串联成完整的产业链。

金宝贝在把独特的早教理念带到中国越来越多的城市和家庭的同时，也看到了一些家庭对于更精致化的早教服务的需求。因而这两年，金宝贝迎来了两个意义重大的"第一次"，即在北京开设升

---

① 《金宝贝：做早教行业的黄埔军校》，中华网投资，http：//finance. china. com/fin/sxy/201503/21/9416399. html，2015 年 11 月 20 日。

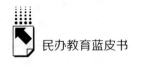

级版本的早教中心——"金宝贝私·享·汇（ParK Gymboree）"和打造了官方线上商城"Gymbo Shop"。

现有规模的早教中心，实际上因为学员人数膨胀，可能并没有把每个孩子的感受、家长的感受做得很好。所以，一种像幼儿园一样的 Park 模式应运而生。2014 年 6 月，金宝贝中国早教中心精致化升级为金宝贝私·享·汇（ParK Gymboree），北京蓝色港湾的金宝贝早教中心是全球首家升级中心。"私·享·汇"的含义是：私，私人成长顾问；享，更丰富的家庭成长乐享经验；汇，汇集孩子、家长的育儿感悟和成长历程的交流学习平台。在 Park，老师配置是 1∶30，一个老师关注 30 个孩子。在 Park 里面有一个专门的地方是观察室，让家长首先学会观察孩子。此外，Park 还具备专业的家庭咨询服务，帮助父母定期了解孩子生理和心理的状况。同时，Park 的孩子们不只是在中心里面上课，还要走出去"交友满天下"。Park Gymboree 与常规中心的区别有三个：第一是提供更舒适、更安全的亲子互动空间与服务；第二是定制化地提供家长与孩子的指导课程；第三是提供更优质的社交平台。

2014 年 8 月，金宝贝官方商城 Gymbo Shop 盛大开业，把来自美国的专业体验融入童装和玩具中，陪伴孩子共同成长。在 Gymbo Shop 平台上，家长们可以随时随地买到金宝贝童装、玩具和育儿书籍，而在金宝贝自己的 App——Gymbo Club 上，会员可以查课程、看课件、听音乐，和老师、其他家长交流等。金宝贝率先突破传统模式，不局限于早教课堂，也 360 度全方位渗透到孩子成长的生活中去，引领行业方向。

与此同时，为了让更多孩子在进入幼儿园后能够更快适应新环境，金宝贝于2014年针对入园适龄儿童的教育方式进行全面升级，帮助孩子提高社交能力、智力以及语言学习能力，引导孩子走进生活，学习基本的生活技能。

（2）宏观分析行业大数据，持续领跑行业发展

2014年7月至9月，金宝贝在全国范围内开展"2014中国早教市场认知与行为大调研"。历时三个月，跨越中国北京、上海、广州、深圳、成都五大城市，覆盖超过3000个家庭，对中国家庭，尤其针对越来越多由"80后"独一代父母组成的年轻家庭的育儿现状以及整个中国早教市场的发展现状做出客观透彻的分析与总结。

整合调研结果，随后10月，金宝贝于上海举办中国早教论坛并发布中国早教第一本白皮书——《2014年中国早教研究报告》。金宝贝动用品牌号召力，集结行业专家及相关政府人员围绕中国早期教育市场的发展现状与未来趋势展开讨论，希望通过权威的早教数据和专家声音，给予万千中国家庭在早期育儿方面具有指导性意义的参考解读，为早教行业的发展奠定了重要基础，充分彰显了品牌实力、影响力。

4. 发展趋势：专注自我改善，师资升级是核心

2015年1月百度发布的《2014年中国教育行业大数据白皮书》显示，2014年早教相关搜索保持强劲增长势头，行业品牌优势明显，其中，金宝贝以34%的搜索量雄踞榜首。

早教机构教的是孩子，育的是父母，针对年轻父母的早教永远有市场。通过前期调研、分析，金宝贝不仅对自己的早教理念

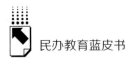

更有信心，同时也发现当共性化的育儿问题在金宝贝的课程中得到解决后，越来越多的个性化育儿问题开始显现，因此，金宝贝在《2014 年中国早教研究报告》中提出，计划培养一流的专业科学育儿师资深入现有的 12 万个金宝贝家庭乃至更多的中国家庭，让育儿师们通过与父母的近距离接触，一对一地帮助他们更有效地解决育儿问题，使得科学育儿的早教观念更快速、有效地在中国亿万家庭中传播。为此，金宝贝在企业圆桌会议上启动了"金宝贝成长学院"，通过一系列努力为未来发展蓝图添上浓墨重彩的一笔。

（二）幸福泉：教育家办学，打造创新教育品牌

1. 发展历程

幸福泉儿童发展集团由国际知名婴幼儿潜能发展专家程淮教授和我国儿科界泰斗、北京协和医院儿科老主任籍孝诚教授于 1997 年在北京创办，是以"幸福教育"为宗旨，致力于儿童个性化潜能发展研究与教育服务的综合性集团，是改革开放以来民办教育家与跨学科专家办学的典范。

（1）成立北京幸福泉儿童发展研究中心

1997 年 8 月，由程淮教授和籍孝诚教授创办的北京幸福泉儿童发展研究中心在北京成立。10 月就举办了由 2500 多个家庭、1 万多人参加的"北京全民健身婴儿行动"，开创了婴幼儿潜能开发教育的先河。

（2）应对早期教育的国际浪潮，发起"中国 2049 计划"

1998 年，面对早期教育的国际浪潮，幸福泉与全国妇联、国

家计生委、卫生部所属的中国家庭教育学会等有关单位发起了中国百万婴幼儿潜能开发 2049 计划，将国家级系列课题的研究成果，通过参与政府公共服务进行转化与推广，承担了北京等 10 个省市地区近 30 个政府部门的儿童早期发展公共服务项目，服务家庭近 50 万户。

（3）开启幸福泉直营办园之路

1999 年 9 月 9 日 9 时 9 分，作为"中国 2049 计划"全国示范基地之一，第一所幸福泉幼儿园在北京市西城区诞生，开启了幸福泉直营办园之路。

（4）成为全国首家获得 ISO9000 国际标准质量体系认证的幼教机构

2000 年，北京市幸福泉幼儿园成为全国首家获得英国皇家认可委员会（UKAS）颁发的 ISO9000 国际标准质量体系认证"国际证书"的幼教机构，从办园伊始就把国际化、标准化、高质量放在首位。

（5）成立幸福泉儿童发展集团

2002 年，幸福泉儿童发展集团宣告成立。集团由一个研究中心、一个教育科技公司、一个海外教育中心、两所直营幼儿园、一所培训学校组成。同年 5 月，幸福泉创始人程淮教授作为特邀专家代表赴纽约出席第 56 届联合国大会儿童特别会议 NGO 论坛并发表演讲，介绍了中国婴幼儿教育的理论和经验。幸福泉开始进入集团化发展时期，并探索出可复制的模式，为接下来的连锁加盟打下基础。

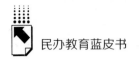
（6）开启连锁加盟模式

2006年，幸福泉开启了全国拓展加盟园的连锁经营模式，第一家加盟园在吉林盛大开业，直营＋加盟的一体化经营模式逐步形成。

（7）创设子品牌，形成三位一体的品牌架构

2015年，幸福泉创设了子品牌"儿童创客"和"蜜罐儿"，形成了"连锁幼儿园＋儿童创客＋亲子教育"多领域经营发展的模式。

（8）发展成就和社会荣誉

20年来，幸福泉建立了系统的儿童早期发展与教育的理论与实践特色体系，在幼儿创造教育领域做出了突出的贡献。特别是程淮教授发明的创意发明方法论"巧思法（QEOSA）课程"，已使近千名幼儿在中国宋庆龄基金会主办的中国国际幼儿创造力邀请赛中获奖。"程式巧思法"已成功申请了国家专利，并荣获2017"世界华人发明大奖"金奖，成为国家科技部创新方法研究专项、北京市科技计划项目、国家可持续发展示范区的优秀成果，受到国务院马凯副总理接见和顾秀莲副委员长的赞扬以及国内外同行的广泛关注。程淮教授也因此受邀担任宋庆龄儿童创意发明奖专家评审委员会主任。幸福泉幼教机构还被中国家庭教育学会授予"全国家庭教育实验研究基地"称号，被北京市政府授予辛勤育苗学前教育先进单位。

（9）勇于担当社会责任

2002年，幸福泉向中华慈善总会捐赠价值5000万元的教育软件，并主持中国婴幼儿潜能开发科普万里行慈善公益活动。2003

年，幸福泉积极开展"抗击非典，为白衣战士献爱心"活动，通过北京市西城区政府，向北京12家医院捐赠了价值100万元的婴幼儿教育卡，建立起了"空中课堂"。2005年，幸福泉向河北农村贫困五胞胎伸出援手，接他们来到北京市幸福泉幼儿园学习和生活。在老师们的精心照料和专业培养下，他们的体格与智能发育指标得到了明显的提高，并有幸成为2008年北京奥运"五福娃"志愿者，参加了奥运火炬传递仪式。

多年来，幸福泉以促进中国与世界儿童发展为使命，大力推进婴幼儿教育事业发展进程，已成为中国民办学前教育的领跑者。

2. 运营概况

（1）发展模式

历经二十年的发展，幸福泉先后承担了国家教育部、科技部、全国妇联、北京市教委、市科委以及北京市西城区政府等一系列重点研究课题，创建了《创造幸福论》《儿童潜能发展学》的系统理论、0~6岁一体化的3A办园模式、BME连锁运营体系，形成了以科研为导向的"个性化潜能发展教育"的核心理念及教育特色。幸福泉以幸福教育理念为核心，先后打造了"幸福泉幼儿园""儿童创客""蜜罐儿"三大教育品牌。依托幸福泉研究院强大的教育研发实力，业务涵盖了连锁幼儿园、儿童创造力产品、亲子社区服务等多个领域。为客户提供0~6岁一体化的儿童发展与学前教育整体解决方案。

（2）连锁幼儿园

幸福泉幼儿园秉持"幸福教育"的办园理念与"合格加特长"的培养目标，倡导以培养儿童创造幸福的能力为核心，促进儿童全

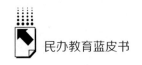
面和谐并富有个性发展的幸福教育，让孩子们拥有健康的体魄，创造的智慧，健全的人格；秉持"不争'第一'，创'唯一'"的教育哲学，采用独创的、以评估为基础的个性化教育体系，为每个孩子量身打造符合其自身发展需要的个性化成长方案，使每个孩子既全面和谐又富有个性地发展。

运用自主研发的"家园通"软件开展家园共育服务，在注重全面培养目标即"合格＋特长"的同时，更注重幼儿创造潜能的培养。毕业幼儿的平均智能发育商在130以上，独立、自信、大气和富有爱心成为幸福泉毕业幼儿的独特"血统"。实践表明，幸福泉独创的跟踪测评指导模式，让宝宝成长更加科学化。

现今，幸福泉连锁园已覆盖全国24个省90余座城市，有近200家连锁机构，对北京、天津、河南、四川、内蒙古等省市政府儿童早教发展公共服务提供技术支持。在中国，已有超过100万个家庭受益于幸福泉的教育。

（3）儿童创客

儿童创客凝聚了中外著名的创造心理学、英才教育学、脑科学、科技发明以及文化创意产业等跨界的专家、学者、名师和一线优秀教师，以儿童创造力培养为核心，开创了不同于西方学派的、更具中国特色的儿童创造教育，将最新的多媒体软件教学和互联网数据交互等技术融入课程，并依据程淮教授的"巧思法（QEOSA）课程"的科研成果，开发出儿童创造力发展系列课程"程式巧思"。

幸福泉在让儿童享有幸福童年的同时，更着力培养他们未来创造幸福的能力。"程式巧思法",是以"问题"为中心、寻找最佳解决办法的培养儿童创造思维与想象的游戏活动。它以幼儿自己提出问题为起点,以解决问题为导向,通过引导儿童思考、讨论、碰撞,激发思想的火花,提出尽可能多的设想,创造性地解决问题。

(4)亲子社区服务

随着二孩时代的到来,新一轮早教热潮也悄然兴起。幸福泉凭借多年来参与政府公共服务的实践经验,将自主研发的"MEG——微环境成长"理念与社区家庭的迫切育儿需求相结合,全新推出了"蜜罐儿"亲子会所服务。

"蜜罐儿"是一家采用邻里式、居家式、一站式亲子育儿支持服务的教育服务机构。"蜜罐儿"融合了目前国际最流行的 MEG家庭亲子游戏理念,面向社区 0~6 岁婴幼儿家庭,提供亲子课程、托管服务和亲子培训指导的多元化、个性化会员制服务。作为专门为社区 0~3 岁婴幼儿家庭开办的儿童早期成长生态服务平台,"蜜罐儿"一经推出就得到了社区家庭的普遍欢迎。其灵活的邻里式、居家式、一站式的服务,成为解决年轻父母育儿难题的有效途径,是当今家庭早期教育的创新服务模式。

3.办学特色:教育家办学,构建幸福教育理论体系与实践体系

幸福泉创始人程淮教授是我国从事婴幼儿成长跟踪指导,拥有多学科、跨领域专业知识与能力的国际知名育儿专家,是一位有情怀、有担当的民办学前教育家。

多年来,幸福泉致力于中国特色儿童发展理论与实践体系的研究,秉承东方智慧,吸纳西方文明,致力于探索构建科学的中国特

色、世界水平的儿童发展与学前教育的理论与实践体系，坚持以培养儿童创造幸福的能力为核心，着力培养儿童创造幸福能力的三大要素：健康的体魄、创造的智慧、健全的人格。致力于为孩子打造一个幸福、创造和发展的乐园，为孩子们营造主动学习、快乐发展的"微环境"，让孩子们能够像哲学家那样去提问，像科学家那样去思考，像艺术家那样去创造，为培养儿童未来创造幸福的能力奠定基础。

幸福泉在理论研发、课程研发的同时也非常重视教师的人才培养，多年以来幸福泉对自身教师的培训不断创新、升级，实施了"五彩路"教师专业发展计划，推动教师的专业化与可持续发展，为幸福泉打造出一支优秀的教师团队和管理团队，不断提高教育质量，确保幼儿发展。

4. 发展趋势：创新教育＋互联网，开启幸福泉2.0时代

紧跟互联网的创新发展潮流，幸福泉将步入"2.0"时代，打造全面升级幸福泉教育的新时代。

（1）创新教育＋互联网

在新时代，幸福泉将拥抱互联网，加强品牌战略，打造"教育＋互联网"的创新教育新模式。幸福泉旗下品牌已经研发出了多款线上、线下的儿童创造力培养产品，家长们可以通过手机获取到专业的教育指导方案，不断满足用户从 PC 端向移动端转移的需求。

幸福泉还将打造"创客国际幼儿园"，园所将围绕环境创设、创造力系列课程的实施、巧思馆设计和应用、区角材料和关联课程等方面，建立"创客国际幼儿园"的规范标准和评价指标。与国际创新教育接轨，具备符合为新时代培养新儿童应有的软件、硬件条件，打造具备中国特色、国际品质的儿童创新教育高端幼儿园。

（2）创造力联盟，打造走向世界的创新教育品牌

2017 年，由幸福泉发起，中国下一代教育基金会与中国发明协会牵头组建了"儿童创造力发展国际联盟"。联盟的核心业务是通过开展"新儿童计划"，即在全国创建"百所创造力培养示范基地"、"培养中国儿童创造力发展千名领军人物"、培养"万名小小创意发明家"，以推动儿童创新教育的发展。幸福泉作为"新儿童计划"的发起者、主办方和教育资源提供者，将以强烈的使命感和责任感，举起中国儿童创造力培养的大旗，以公益项目驱动的方式，吸引政府、企业、专业人士以及全社会对于儿童创造力培养的关注、参与及支持，打造走向世界的创新教育品牌。

（三）基于案例的早期教育培训机构分析

经过十几年的发展，我国的早期教育培训机构发展迅速。随着近年来计划生育政策的变化，家庭对子女早期教育越发重视，对幼儿教育的投入日益增加，催生出了更多符合需求的早教服务，但也暴露出了早教机构更多的短板。

1. 早期教育培训机构的优势

（1）师资职业化

一是高学历高素质教师队伍的扩大。为打响知名度，机构在招聘教师时有意识通过提高薪资水平和晋升通道来吸引更多高素质高

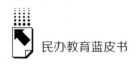

学历的人才进入机构工作。二是严格正规的培训途径。为了确保老师对课程的执行力，多数培训机构会在老师上岗前开展严格的教学培训，并运用残酷的淘汰制度筛选出优秀教师。

（2）服务家庭化

越来越多的机构意识到，在早期教育中家长参与互动的重要性。机构在服务上，不仅能够在教育中为孩子提供有益的帮助，还可凭借专业的家庭咨询服务，帮助父母定期了解孩子生理和心理的状况，也成为孩子私人成长顾问，定制化地提供家长与孩子的指导课程。同时，更提供舒适安全的亲子互动空间与服务，将家庭全部囊括到整个机构的服务体系。

（3）经营模式化

随着早教市场版图的扩张，更多的培训机构选择以直营连锁、连锁加盟的方式扩大市场份额。为投资者提供专业的标准化管理手册以及各类光盘，让加盟园轻松复制机构的营运模式。课程教学的标准化，中心环境和运行流程的标准化，从硬件设计和装修到接待咨询流程都能保证全国统一且同时。经营模式统一，步调一致，有利于总园决策和指示的快速传达和新教学理念的广泛推广。

（4）课程网络化

充分利用互联网平台，大力开发网上教学平台，已经成为许多早教培训机构的共识。与电商公司合作，共同研发网络课程，催生新的应用模式，如亲子 App、O2O 招生、情境电商等，催生更多潜在客户群。

2. 早期教育培训机构的短板

（1）培训课程趋同，不够创新，地域特点不明显

一是培训课程同质化，缺乏竞争力。大部分早期培训机构在经过十几年发展之后，其课程和服务已形成标准化流程，所开设课程相差不大，甚至出现"换汤不换药"的情形，缺少创新的课程，缺乏独特优势。二是产品地域特点不明显。不同地区的育儿观念有所不同，但培训机构"单一化"的培训理念和全国统一的标准缺少对当地的有效定位。

（2）经营模式僵硬，不够严格，加盟管理松散

通过加盟连锁的方式虽然能够在短时间内得到充裕的资金和人力，迅速扩张市场，但是很多机构广撒网的做法仍有弊端：一方面，没有结合分园的实际进行市场定位和在课程、服务上因地制宜适当改良，生搬硬套总园的经营模式，容易造成"水土不服"的尴尬局面；另一方面，没有对加盟后的分园形成严格的管理机制和有效监督，加盟连锁园的松散管理给培训机构的声誉带来了不良影响。

（3）师资来源缺失，不够专业，执教资格有差异

一是师资来源缺乏。很多早教培训机构的老师不是退休的老教师就是刚毕业尚未找到稳定工作的大学生，教师来源途径单一，很容易造成一对多、教学任务过重、无暇顾及服务质量的状况。二是教师专业性堪忧。由于我国幼师教育的局限性，很多幼儿专业教师毕业后大多进入幼儿园工作，而在早教培训机构工作的教师，虽然经过机构的培训，但短时间不成体系的"速成班"仍缺少专业化，在执教资格上也存在师德参差不齐的问题。

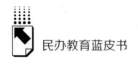
（4）服务方式各异，不够持久，品质缺少监管

不同于其他培训形式，早期教育的培训是针对最初成长时期的幼儿，对其服务应当具有长期性。但很多培训机构在服务上出现断层，在缴费完成之后，很多服务并未按照承诺践行，且在幼儿完成课程之后，培训机构很少能够做到服务的连续。同时，在服务质量上，由于很少有量化考核，很难达到监管的目的。

二 课外辅导机构的办学案例

英语培训机构的倒闭、语文培训项目的兴起及数学培训机构的异军突起，是近两年培训行业的一个突出特征。因此本文选择三类培训机构中的代表作为案例进行行业发展剖析。

（一）新东方："政策寒冬"下的英语培训机构另类突破，进入稳定发展期

1. 英语培训行业的大背景

（1）我国综合国力的提升给英语培训行业带来正、反两方面影响

英语培训是国内培训行业起步最早、体系最为成熟的培训类别，经过20余年的发展，经历了一个行业的萌芽、发展、繁荣时期，从蓝海发展为红海竞争。近年来，我国综合国力的提升给英语培训业带来正、反两方面的影响，随着经济水平的提高，国人眼界的开阔，英语作为国际通用语言的重要性已深入

人心，习得一门外语正逐步发展为一项基本教育需求，市场需求扩大，英语学习低龄化趋势明显；但同时国力提升使中国文化的影响力扩大，世界大国的形象正逐步树立，越来越多的外国人也学习中文。

（2）政策调整对英语培训行业带来冲击

2014年，英语方面的政策调整导致偏重应试教育、以应付英语考级为目标的少儿英语培训机构变得越来越没有市场。2014年9月国新办正式发布高考招生改革实施意见，其中高考英语实行一年两考，要求中考、高考英语考试难度整体降低。北京市出台规定，小学一、二年级不再开设英语类相关课程。

时代背景及国家出台的一系列政策，给英语培训的发展带来了前所未有的影响。家长在选择英语培训机构时品牌的比重增大。目前受欢迎的英语培训机构分为四种类型：①智能及智能开发型。新东方POP少儿英语－寓教于乐；瑞思学科英语－美式教育，"侵入式"英语；Lily英语－潜意识英语，在语言环境下自然习得。②职业充电型。英孚－smart学习体系，30天摆脱哑巴英语；韦博－Better English Better Life。③提供一站式解决方案型。新东方、新航道。④真人外教一对一型。51talk，VIPABC。

在此本文选择教育培训领域的巨头——新东方教育集团，对其发展历程及运营模式特点，尤其是近两年发展态势进行说明，以期通过新东方这个缩影窥探近年来整个英语培训行业的特点。

2. 新东方

（1）新东方概况

①概况

新东方创立于 1993 年 11 月 16 日，于 2006 年 9 月 7 日在美国证券交易所成功上市，成为中国大陆首家在美国上市的教育机构。截至 2014 年 5 月 31 日，"新东方"已在全国 50 座城市设立了 56 所学校、31 家书店以及 703 家学习中心。自 1993 年成立至 2014 年，新东方由北京走向上海、广州、深圳、武汉等 50 个城市，区域扩张呈现由一线城市逐步向二、三线城市及海外发展的态势，近年来呈现发展放缓甚至收缩态势。从其业务扩张来看，业务由成人英语逐步扩展至 K12 培训领域（2004 年成立少儿英语培训部，2009 年成立优能中学教育推广中心）等基础教育领域，同时拓展至高中、职业教育、民办大学等民办学历教育领域。近年来，新东方互联网业务逐渐崭露头角，2014 年在其第二季度财报中比较罕见地提及了新东方的线上战略，"新东方一直积极探索基于互联网的教育举措，包括进行线上线下结合（O2O）和纯线上学习产品"。

表 1　新东方发展历程（1993～2014 年）

时间	发展历程
1993 年	·成立北京市新东方学校,主营业务为出国英语
1995 年	·学员突破 1.5 万人,拓展留学咨询、基础英语培训、留学文书写作等业务
1998 年	·建立实用英语人才教育培训体系 ·建立第一个教育基地 ·成立国内考试培训部
1999 年	·成立雅思考试培训部

时间	发展历程
2000 年	· 成立东方人投资有限公司 · 与联想集团合作成立联东伟业科技发展有限公司,创办新东方教育在线 · 落户上海和广州
2001 年	· 成立新东方教育科技集团,新东方步入国际化、多元化的教育集团发展阶段
2002 年	· 进驻武汉、西安、天津、南京 · 与国际著名的 ELLIS 教育集团合作,开班新东方精英英语学习中心 · 投资 3.2 亿元兴建北京新东方扬州外国语学校
2003 年	· 进驻成都、重庆、沈阳、深圳
2004 年	· 新东方 POP 少儿英语品牌诞生
2005 年	· 进驻杭州、长沙、哈尔滨、济南、太原、郑州、长春、襄阳等
2006 年	· 在美国纽交所上市 · 进驻福州、合肥、昆明、石家庄、苏州、株洲、宜昌、鞍山、佛山 · 新东方北斗星培训学校成立,新东方进入职业认证培训领域
2007 年	· 进驻南昌、无锡、荆州、大连 · 新东方国际高中项目部正式成立
2008 年	· 进驻兰州、厦门、青岛、南宁、黄石、宁波等地 · 新东方家庭教育研究与指导中心成立
2009 年	· 进驻徐州 · 新东方优能中学教育全国推广管理中心成立
2010 年	· 进驻湘潭、镇江、洛阳、南通等地 · 7 月,北京昌平外国语学校成立
2011 年	· 进驻吉林、贵阳、呼和浩特、唐山、乌鲁木齐等地 · 新东方网正式上线 · 启动新东方"相信未来"全国公益巡讲,走进 32 个城市,来自 260 余所高校的 25 万人到场聆听
2012 年	· 以事实和快速反应击败美国浑水研究公司对于新东方的指控
2013 年	· 新东方以间接方式进入民办大学学历教育领域 · 成立新东方教育行业研究院
2014 年	· 新东方与腾讯成立北京微学明日网络科技有限公司,探索"互联网＋"时代的培训运营模式 · 通过线上线下相融合的"混合式教学",发展商业在线学习,升级传统线下教育,打通教育领域的 O2O 模式

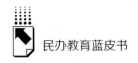

②新东方上市后业绩表现

2006～2014 财年，新东方净收入增长在 2008 财年、2009 财年达到峰值，随后增长趋势放缓。净利润呈增长态势，但增长率呈现不稳定状态，2013 财年净利润额与 2012 财年相当，增长率仅为 2.7%，增长率为历史最低值。2014 财年，通过整合、降低运营成本，新东方利润率回升至 58.3%（见表 2）。

表 2　新东方上市后业绩表现

财年	净收入		净利润		学员人数	
	金额（美元）	同比增长率（%）	金额（美元）	同比增长率（%）	人数（万人）	同比增长率（%）
2006	9600 万	—	1300 万	—	82.70	—
2007	1.364 亿	35.50	2960 万	359.10	106.70	22.40
2008	2.01 亿	51.60	4900 万	71.40	127.17	19.10
2009	2.926 亿	45.57	6100 万	24.29	151.95	19.50
2010	3.863 亿	32	7780 万	27.50	180.77	19
2011	5.579 亿	44.40	1.018 亿	30.80	208.96	15.60
2012	7.717 亿	38	1.327 亿	30.40	240.24	15
2013	9.599 亿	27.40	1.363 亿	2.70	254.03	5.70
2014	11.389 亿	18.70	2.157 亿	58.30	266.87	5.10

注：（1）数据皆来源于新东方公开发布的财务年度报表。《新东方公布 2014 财年第四财季及全年财报》，新浪科技，http：//tech.sina.com.cn/i/2014 - 07 - 22/17409510606.shtml? sina - fr = bd.ala.cb，2015 年 11 月 20 日。

（2）新东方财务年度起始时间为当年 6 月 1 日，结束时间为第二年 5 月 31 日。

（2）新东方发展特点

①办学理念：为应试而生。专注于"补弱"，倾向于成绩落后的学生

教育培训理念决定着一个教育培训机构的发展方向，是培训机

构的方向标和灯塔。新东方正是迎合各类考试而生，从最初的托福培训及出国签证咨询，到"洋高考"培训（如美国高考 ACT 和 SAT，英国高考 A－Level，澳大利亚高考 WACE）、大学英语四六级考试培训，以及针对小升初、中高考的优能中学培训。这些培训的直接目的是帮助成绩落后的学生补齐自身的短板，针对他们的弱项提高考试成绩。新东方的培训是以学生的成绩提高为直接目的，其培训的特点也是服务于此目标。

②以服务学生为导向，分级培训

首先，新东方在产品链条的设置上集教育培训、教育产品开发、教育服务、图书杂志音像出版、出国留学服务、在线教育、职业教育、教育软件研发等于一体。学员的不同需求都可以在新东方得到满足。以新东方一站式留学服务为例，很多学员在不同年龄段都有出国留学的计划，针对学员的不同情况和学习能力，新东方首先由专业老师对学员进行测评，制定个性化的学习方案，而早期的新东方语言培训方面仅局限于成人和考试类型的培训，无法满足其他学员的不同需求。在进行了市场细分后，在课程设置上更具有针对性。学员报名后根据每个学员的测试成绩和薄弱点进行分班学习，针对性地提高成绩，每个班级都配有助教和班主任全程进行跟踪和服务，及时为学员提供最新的留学咨询。

其次，新东方培训学校从学员报名选课开始，至报名成功参加面授，再到课后教学效果跟踪有着一套流程。如初中部课程，新东方学校首先将专为初中生提供的课程全面汇总和列表，通过表格展示给学员和家长，形成课程导学图。

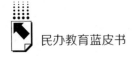

③"公司＋学校"的集团化管理

所谓集团制培训学校是指教育集团举办的培训学校，是教育集团将培训学校进行产业化运作，实行集团化管理的一种办学模式。新东方教育科技集团采用的是董事会负责制，即集团作为公司的上层组织，主要控制经营战略和财务总调度，对各地分校实行连锁办学，各地分校相对独立运行，以统一品牌、统一模式、统一包装、统一宣传、统一管理的方式进行运作和规模扩张。新东方学校采用的是矩阵式组织结构，它的优势是将横向和纵向进行很好的结合，加强了各职能部门之间的配合，出现问题后及时沟通、共同决策，有利于提高工作效率。

④多元倾向

新东方的多元化发展，使得新东方培训学校能够长久、稳定地保持其在培训行业中的佼佼者地位。这主要体现在三个方面：第一，新东方经营领域的多元化倾向。早期的新东方涉及的领域仅为英语培训且授课方式只有面授这一种选择。目前新东方教育科技集团涉及的经营领域主要有：语言培训、职业和就业培训、学前教育、图书、出国留学等多个领域。第二，新东方办学层次的多元化。新东方从早期为中国大学生提供出国考试培训服务，到发展针对大学生的国内考试培训业务，让大学生在考试培训课程上有多层次选择。第三，办学方式的多元化。新东方一直以短期培训见长，随着培训业务的发展，新东方的办学方式开始延伸。在基础教育领域，新东方开办了国际高中项目，学校面向全国招收初中毕业生，旨在通过三年国内基础教育与国外预备申请，完成与国外大学本科教育的顺利对接。

⑤学员分布：K12 学生群体分布呈"倒三角形"

与好未来"金字塔"形学员结构不同，新东方 K12 学生群体呈现"倒三角"分布状态。2014 年暑假班，K12 的学生人数是 K11 和 K10 的总和，人次超过 1 万。新东方在 K12 的业务，是围绕高三年级开始发力的。近年来，新东方也在积极调整运营策略，向低年级倾斜以稳固学生群体，抢占市场优势地位，培养客户忠诚度和客户黏度，避免被其他机构抢掉。

⑥教学速成导向

新东方曾经是一个时期的教学风向标，教学风格幽默、高效、速成。培训内容对准考试技巧，方法是直接灌输，力求速成，在短期内提高受训者的应试能力。新东方教学内容直接对准考试的每一个项目。如考研英语培训，直接指向如何做好完形填空题，主要指出了完形填空考查内容之一词汇的来源和特点。

⑦营销模式以会销为主

2011 年，新东方启动"相信未来"全国公益巡讲，走进 32 个城市，来自 260 余所高校的 25 万人到场聆听，这是新东方营销模式的一个缩影。新东方的营销通常以公益活动开启，包括三类活动：一是中学、高校英语学习讲座；二是教育扶贫项目，主要为捐资助学和教师学习培训活动；三是社会英语学习活动。

（3）"互联网＋"时代下的新东方发展动向

2012～2014 年，新东方在动荡中前行，它的发展状态也代表了这一时期中国英语培训机构的发展状态。新东方凭借其多年积累的收入体量和较为完善的管理体系，顺利度过了一波来自技术变革、国家政策调整、外部市场竞争、内部调整与高管离职冲击的企

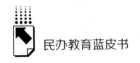

业发展风险期。

然而，风险仍然存在。新东方的发展，不得不面对以下问题：

第一，考量应试教育能走多远。随着国家人才选拔标准和相关政策的变化，考试分数早已不是人才评价的唯一标准，创新型人才的培养是当前社会各方（无论是公办教育还是民办教育）需要考虑的重点。新东方创始人俞敏洪曾公开表明："新东方诞生于、发展于中国的教育制度之中，它对教育改革起不到任何作用，因为它瞄准的就是孩子的分数，培养的就是孩子的应试能力，谈不上创新教育、想象力教育。[1]"未来新东方教育培训理念的调整将对其发展产生重大影响。

第二，直面互联网教育的冲击。目前来看，互联网教育对新东方有冲击，但并不明显。新东方是传统教育培训公司的标杆，也是众多在线教育新兴公司的颠覆对象，其中最典型的是 YY 教育对新东方发起的挑战。

第三，战线向二、三线城市倾斜。目前，新东方已经开始行动。俞敏洪说："大城市加起来就那么几十个，二、三线城市加起来几千个，后者的培训量占中国整个培训量的 55% ~ 56%。而且大城市培训需求已经被开发出来，二、三线城市很多培训需求尚未被开发。"他希望五年后新东方在二、三线市场的收入占全国所有收入的 1/4 ~ 1/3。[2]

---

[1]《俞敏洪：新东方对教育改革无用只培养应试能力》，网易财经，http://money. 163. com/13/0609/09/90TRUD2800253B0H. html，2015 年 11 月 20 日。

[2]俞敏洪：《你以为寒冬很远，寒冬只是一夜之间》，http://www. hizher. com/pageContent - 552209 - 95015. html，2015 年 11 月 20 日。

第四，以包容的态度面对员工流失。大型企业招聘的都是某方面的专业人才，这种类型的人才可以适用于多个公司，因此员工跳槽的现象日益严重。面对专业人才的跳槽现象，新东方需要以一种包容的心态来面对，规划好管理制度，并积极应对跳槽现象，减少公司的损失。

第五，服务体系的优化和完善。产品好并不代表有好的客户体验。"当我们很专注地探讨产品本身是否具有吸引力时，如果背后的服务和运营跟不上，可能会导致一个优秀产品的口碑传递失败。如果产品研发是生孩子的过程，那么服务和运营就是养孩子的过程。我们在生孩子上面花了太多心思，在养孩子上还有很大提升空间。"新东方罗娉在家长提问"为何随意调学生课表，打乱计划"时的应对，反映的是培训行业的一个通病。服务体系的优化与完善是当前每一个培训机构都必须解决的问题。

第六，企业文化的构建。新东方文化主要表现为绝望与希望、批判与宽容、激情与幽默、个性张扬，极具激励精神、永不言败、追求人生极限、企业愿景和使命等。

（二）阳光喔：政策利好下的语文培训机构迅猛发展，迎来行业春天

1. 语文培训行业的大背景

第一，随着国家经济向海外发展，汉语呈现国际化需求。国际市场对汉语的培训逐步开放，呈现支持势头。

第二，随着国家经济发展，老百姓对于国学的文化需求呈现上升趋势。十八大以来，党和国家重视中国传统文化的弘扬，为语文

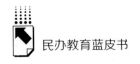

教育和语文培训行业营造了良好的社会氛围和环境。

第三，随着高考政策改革，得语文者得高考，语文呈现刚性需求。2014年，国务院印发《关于深化考试招生制度改革的实施意见》，高考改革后，文理不分科，语文学科更重要。北京市教育考试院公布的"北京高考改革方案详解及进程安排"中更为明确地说明，要发挥语文学习促进学生逻辑思维能力发展方面的重要作用，鼓励学生独立思考和个性发展。分值将由150分提高到180分。

紧随高考改革，中考迅速调整。2015年北京市中招意见显示，中招的录取规则凸显语文成绩的重要性，在考生总分相同的情况下，首先参考语文成绩。

在这种环境利好、市场利好、政策利好的背景下，语文培训迅猛发展，竞争也开始进入白热化。下面以阳光喔作文培训学校为例进行剖析，考察其如何从激烈竞争中脱颖而出。

2. 阳光喔作文培训学校①

（1）阳光喔概况

①企业简介

北京阳光喔文化发展有限公司（简称"阳光喔"）起源于1988年，是一家专门从事作文培训的教育机构。根据2011年的统计，全国注册培训机构147000多家，语文专业培训机构137家②。阳光喔是中国大陆唯一的以素质教育方式，满足应试教育要求的语文教育培训机构。相比传统作文教学，阳光喔作文站在未来的社会人才

---

① 因阳光喔为非上市企业,对其案例研究主要通过访谈、实地调研等方式进行。相关数据皆根据访谈整理。

② 资料来源于阳光喔2011年进行的语文类培训机构调研。

需要的高度，结合学生的心理特点，训练学生"创意无限，天马行空"的发散思维，提高孩子敏锐捕捉生活信息的能力，从根本上解决孩子写什么、怎样写的难题。

经过 27 年的发展，阳光喔在北京、上海、广州、深圳、武汉等全国 31 座城市及海外马来西亚等地区拥有 150 余家教学中心、1000 余名专职教师，累计培训学员达 100 余万人次，年产值超过亿元。

②发展历程

表 3　阳光喔发展历程（1988～2014 年）

时间	发展历程
1988～1989 年	·"卡腿"事件引发的头脑风暴,创始人寻找并引导孩子将作文写长的捷径 ·致力于探索有效的作文构篇方法 ·"阳光喔作文"教材体系基本形成
1999～2001 年	·"阳光喔作文"进入验证实施阶段,并申报国家注册商标
2002 年	·阳光喔建立班主任管理班级、辅导员批改作业制度 ·探索"教师—班主任—辅导员"三位一体的管理体系 ·阳光喔作文研究院(前身为"湖北少儿文化研究会")成立
2003 年	·"阳光喔"正式注册,成立湖北阳光喔文化交流发展有限公司 ·阳光喔官网正式投入运营
2005 年	·阳光喔成为湖北省教研室"对社会力量办学引导"研究的首家教育培训机构
2006 年	·阳光喔广州分公司成立
2007 年	·阳光喔北京分公司成立
2008 年	·通过 ISO9001 国际质量体系认证,完成阳光喔集团公司组织构架
2009 年	·阳光喔进驻上海、深圳、成都、郑州、天津等 12 个城市 ·荣获"全国校外基础教育十佳培训机构"

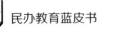
时间	发展历程
2011 年	·武汉股份向北京阳光喔投资 6000 万元,阳光喔总部由武汉迁往北京 ·阳光喔启动战略转型,邀请特劳特咨询公司进行品牌定位:作文教育专家与领先者 ·荣膺《新京报》"我最信赖的教育品牌奖"
2012 年	·引进国际化的专业运营团队,开始专业化、标准化、信息化、系统化的"四化"建设 ·收缩战线,撤销宜昌、天津等分公司 ·升级阳光喔二代教学中心 ·斥资千万元打造 CRM 及拥有自主知识产权的 SSTU(教学互动管理平台)系统 ·阳光喔创新教学模式全新启动 ·年产值过亿元 ·获新浪网"最具品牌知名度教育机构"、《新京报》"年度研发创新奖"等 ·获批全国教育科学"十二五"教育部规划课题
2013 年	·建设 52 个二代中心,信息化建设落实 ·阳光喔二代课程上市 ·开启加盟合作业务 ·成为中国民办教育协会培训教育专业委员会"第二届理事会副理事长单位",并被评为"中国民办培训教育优秀项目"
2014 年	·阳光喔作文走出国门,进驻马来西亚等东南亚国家 ·投资线上事业部,启动在线教育 ·PORTAL 系统集成上线,开启更现代信息化的企业管理 ·被北京海淀区民政部评为民办非企业 4A 级单位

（2）运营概况

①业绩表现：抓紧转型机遇，提升销售业绩

阳光喔运营业绩表现随着其在发展历程中的两次大转型而变化。

第一次转型（2003～2005年），阳光喔迎来了行业发展机遇期，转型结果是为企业创造了从300万元营业额迈向数千万营业额层级的可能。由个体品牌和兼职教师团队，转型为专职教师的阳光喔品牌团队，为开发北京、广州、上海等地做了人力和运营模式储备。公司营业额从转型前的2002年300万元到2006年1700万元，销售呈倍数增长，发展迅猛。

第二次转型（2012～2014年），阳光喔迎来了语文发展机遇期，转型目标是从8000万元营业额迈向10亿元营业额。2011年前，公司的产品运营模式无法有更大的发展空间。随后阳光喔开始二次转型，引进职业经理人团队，投资信息、研发、中心硬件、管理团队等。2012年放弃数学、英语产品和一些价格低端、与品牌不称的大区。2012年受转型红利影响，销售额（预收款）首次过亿元，从单期收费转为年度收费（一年四期课程），由大班制（80～100人）转为小班制（20～40人），增设有一对一、一对八等精品班。学员人数与销售额呈现同样趋势，2012年之前呈稳定增长趋势，2012年转型后，受产品定位为高端精品课程及配套的价格体系影响，学员人数下降，消费能力不足的一部分客户被分流。2014年实现转型，基本实现收支平衡。这一轮投资可以产生的最大产能为3.9亿元，目前已实现25%的产能。以最大的分公司武汉阳光喔培训学校为例，2007～2009业绩徘徊在2100万元左右，转型后的2012年业绩为3500万元，2014年业绩为4000万元，几乎是转型前的2倍。转型带来的新的市场营销文化，给这个技术驱动型企业带来了无限活力。

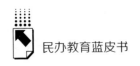

表4　阳光喔业绩统计

单位：万元

年度	2002	2005	2006	2007	2008	2009	2010	2011	2012	2013	2014
营业额	300	800	1700	3400	6000	7800	8000	7700	11500	8700	10512

注：（1）2011年因裁撤全国五个分公司，造成营业额低于2010年。

（2）2012年，因转型红利，销售额破亿元。

②运营平台：信息技术催生培训行业创新，实现高效资源管理

在信息时代的推动下，阳光喔将作文教育进行创新，把信息技术引入了课堂教学与管理中，与传统教育进行融合。

a. 完善客户信息管理系统（CRM）

教育培训行业都面临着学员管理方面的困扰：学生信息管理不明确、学员档案建立不全面、运营体系管理难度大、决策层对运营缺乏有效控制、管理系统不能迅速适应业务变化等。为此，阳光喔投资打造CRM系统，提高客户资源管理、业务流程标准化、实时获取多层级决策分析数据，构建高效、灵活的业务平台，在培训行业竞争中取得优势地位。

b. 教学环境硬件改造，触摸式互动教学

随着信息化进程的推进，阳光喔对信息化建设的投入不断加大，将原有一代教学中心全面改造，升级为信息化教学二代中心。二代中心按教室类型分类，分别配置了乐PAD、平板电脑、触摸电脑一体机、学员快乐度评价器、考勤系统、电子触摸白板等多媒体教学设备，它将多媒体计算机、多媒体视频实物展台、多媒体投影机等先进的视听设备以及其他可遥控设备融合在一起，打造了一个全面信息化的多媒体视听教学环境。多媒体教学设备与SSTU系

统无缝对接。学员课后可按评价器对老师的授课进行评价，评价信息即时进入 SSTU 系统，以此作为考核教师的重要指标，从而提升教学质量，提高客户满意度。

c. 自主知识产权专利 SSTU 系统，电脑直击作文素养真实数据

阳光喔 SSTU 系统以阳光喔的教学管理理念、质量内控标准及为客户服务意识为需求出发点，由阳光喔信息团队研发设计。系统以"备、教、改、评"为灵魂，具有教师备课管理系统、教师教学质量监控系统、作业批改管理系统、学生在喔内学习成长评测系统、师生互动系统。通过上述子系统实现教学管理专业化、教学质量标准化、教学效果可视化，打造一个作文教育的"开放式厨房"，在实现教学内控的同时，接受学生、家长的监督与评价。

③管理模式：优化组织架构，实现企业平台高效运作

对于企业而言，品牌是灵魂，产品是核心，而管理则是根本，只有一流的管理，才能产生一流的效益。阳光喔根据企业自身实际，设计符合现阶段的组织架构，设立产品研发中心、市场部、销售部、产品部、人力资源部、信息部、财务部等职能部门，工作中明确各部门岗位职责与工作流程，各司其职，做到清晰明确，有条不紊。

经过多方的共同努力，阳光喔初步形成了科学的企业管理架构，搭建了集市场营销、产品研发与优化、客户服务于一体的前端运营平台，结合信息平台、呼叫中心、网站建设、行政支持的后端辅助系统，为实现企业平台的高效运作，将阳光喔打造成"中国作文培训专家与领先者"奠定了坚实的基础。

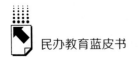

在业务管理方面，企业根据职能划分，总部经理与全国各大区主管、推广人员、课程顾问、学管师、客服人员等建起垂直的业务管理线条，大区总经理、中心校长围绕中心区域，以销售为主导，执行横向综合管理线条，构建起阳光喔特有的事业部管理模式。同时，各地阳光喔作文培训学校一律为直营模式，采用统一的品牌、统一的师资调配、统一的基础教材、统一的服务标准以及统一的管理制度，确保阳光喔所有学员享受最高水准的教学和服务。

（3）发展亮点

在企业发展历程中，阳光喔持续关注并提升教育质量。转型前，阳光喔属于典型的产品和技术驱动型机构。转型之后，阳光喔发展成为资本、技术（产品理念、课程推广、教学及教育服务、项目研发）、资源（客户资源、市场资源、政府资源）、平台（客户管理、技术管理及办公信息化）及运营团队（市场、销售、生产、服务、管理人员）五要素共同驱动的现代化企业。

阳光喔以单科作文培训，坚持27年，且取得产值过亿元的成绩，也是培训界一个不小的奇迹。追本溯源，可发现其发展具有以下亮点：

①借助高校及科研机构的力量，构建科学的教育理念及理论

产品理念是所有研发工作及教育服务工作的原点，决定着企业发展的市场潜力。27年来，阳光喔在高速发展的同时，始终不断完善自身的教育理论与产品理念，为此，阳光喔专门成立了国内首家语文专业研究机构——新语文大学，专注语文教育理论研究、教学产品研发及教学人才的培养。此外，阳光喔教育作为全国教育科

学"十二五"教育部规划课题承担机构，在中国教科院、北京师范大学、华东师范大学、武汉大学等单位专家学者的指导下，集合全国 67 个子课题单位近 600 名一线语文教学及教学管理人员，围绕"作文教学"与"创新人才"进行了卓有成效的研究。这为阳光喔教师的教学、教研提供了坚实的学术支持。此外，阳光喔还与武汉大学、天津师范大学签订科研合作协议，共同探讨语文教育理论。

以多年教学实践经验为基础，阳光喔提炼出独具特色的两大教育理论：语文生态学习体系和语文智力商数体系。

②构建系统化课程体系，实现"快乐：成长：知识 = 3：3：4"

经过长达 20 余年的研究探索，阳光喔形成了一套拥有自主知识产权、可操作性强且不断优化完善的作文教学体系。

在一代产品的基础上，阳光喔作文研究院依据两大理论，研发出了国内首创的以成长故事为载体的彩色绘本二代作文教材，这些教材包括阳光喔作文工具系列、成功作文系列、幸福作文系列，还针对学校及社会研发出学术服务系列及家庭教育系列课程等，共计 7 个系列、24 个模块、64 门课程，涵盖了一年级至十二年级的学生培训以及教师培训、家长培训课程。

阳光喔二代课程在培训行业甚至是整个语文教育领域内，首次建立了"作文教育的 K12"概念，打破了写作从三年级开始学习等传统观念。它是对"生态语文学习理论"和"作文基本素养理论"的践行和呼应，符合经典教育理论及青少年心理发展规律，重点关注学生的成长，知识的传授与落地也更加扎实。

③完善师资选拔机制及培训体系，确保师资力量

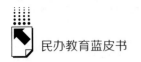

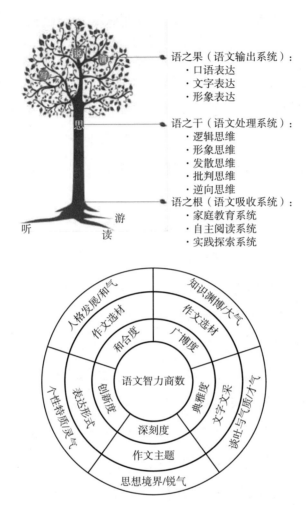

语之果（语文输出系统）：
· 口语表达
· 文字表达
· 形象表达

语之干（语文处理系统）：
· 逻辑思维
· 形象思维
· 发散思维
· 批判思维
· 逆向思维

语之根（语文吸收系统）：
· 家庭教育系统
· 自主阅读系统
· 实践探索系统

图1 阳光喔语文生态学习体系和语文智力商数体系

在教师队伍建设上，阳光喔主要从严把招聘关和完善培训体系两个方面进行专业标准建设：

阳光喔根据课程特色安排教师，而教师在招聘时已被"量身定制"，即根据课程要求招聘对应老师，如口语课程对象多为二、三年级学生，因此，口语课程的老师应该具有很强的亲和力，性格活泼开朗，能歌善舞者最佳；个性课程则倾向于在哲学、心理学、历史学等领域具有一定知识积累的老师，以此支撑选材的宽度、主题的深度。如此一来，凸显专职与专业合作所产生的综合效能，让每一个教师成为作文教学生产线上某一个环节的专家。在这个环节上，鼓励教师为实现教学目标进行个性创新。

为保障师资质量，阳光喔专业作文教师自入职起即定向培训，由新语文大学培训导师进行系统培训与试教，考核合格者方可持证上岗。同时，在教学过程中，通过每周教研活动、定期的教学比赛等形式促进教师的专业化成长。

④建立教学服务质量标准模型的评价标准

为了确保教育服务质量，阳光喔建立了多重评价标准：

a. 成长体验标准。关注学员的成长服务，通过激励机制和教师的引导提升学员的成长体验；

b. 语文智力商数测评。通过阶段的测评了解孩子的水平以制订适合的学习计划，通过测评验收孩子的学习成果；

c. 课堂教学标准。改变学生被动学习状况，实现学习方式的自主创新，实现"快乐：成长：知识 = 3∶3∶4"的生动有趣的课堂风格。

（4）发展动向

①重视互联网在线教育的发展

互联网在线教育的爆发，在对传统机构造成冲击的同时，客户消费形态的变化对企业质量管理与创新也带来新的挑战。阳光喔关注业态与新兴技术，以项目运作的形式，构建在线教育团队。在产品革新方面，建立 App + 在线教育体系，寻求突破；在

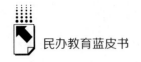

服务革新方面，打通线上与线下，建立多种 O2O 经营模式，调整基于线上与线下的教学与服务评价标准与模式；在管理革新方面，规划企业管理 App 平台，建立并组装基于互联网与移动互联网平台的网络时代运营管理体系，同时打造以"创新"为核心的企业文化，建立微创新机制，鼓励全员创新、全员改进、全员提升。

②重视企业团队建设

教育培训行业竞争激烈带来的教育从业者流动性大的特点，对质量管理标准的执行造成一定影响。阳光喔建立招聘机制，拓展包含内部选拔与推荐、高校合作、第三方机构合作等多种形式的招聘渠道；建立企业大学轮训机制；完善新语文大学建立运营管理培训、教学服务培训、师资集训等培训机制。

（三）好未来：坚守教学品质，拥抱高科技与互联网，打造线下与线上的完美结合

1. 数学类培训机构的发展背景

首先，虽然取消奥数在短期内对数学培训带来影响，但长远看并未产生太大影响。2009～2014 年，数学培训机构发展线路图呈 U 形，出现小低谷。2014 年，奥数培训开始回暖，并未因教改而遇冷。2015 年秋，北京多个奥数杯赛开始报名，报名依然火热。"奥数即使当不了小升初的敲门砖，也有利于孩子升初中后的分班考。为了重点班，还得学奥数。"学而思的家长说[1]。

---

① 于忠宁：《为了重点班，还得学奥数》，《工人日报》2015 年 9 月 25 日，第 5 版。

其次，各地小升初、中考以及高考政策发生变化。北京2014年开始实施了一些新政，如小升初取缔共建，禁止学校暗中通过考试等选拔生源，等等。但政令之下，大部分重点初中都暗设重点班。2015年9月，北京市教委重申义务教育阶段不得设重点班以及以区分学生学业水平为目的的实验班。

在对奥数培训稍显不利的政策环境下，同样应试特点强的数学类教育培训机构——好未来，因其与互联网和科技的紧密接触，彰显出企业的"青春活力"。

2. 好未来基本情况

（1）企业概况

2003年，北大学生张邦鑫和同学曹允东创办了"奥数网"，两年后正式将机构取名为"学而思"，专门从事中小学课外辅导培训。2013年8月19日，学而思更名为"好未来"，定位为"中国领先的教育科技企业"，以科技驱动、人才亲密、品质领先为发展的核心目标。

自创立以来，好未来一直致力于促进科技互联网与教育融合，为孩子创造更美好的学习体验。10余年来，好未来致力于科技、互联网推动教育进步，旗下拥有子品牌：学而思培优、智康一对一、摩比思维馆、学而思网校、家长帮、乐外教、考研网和励步英语。截至2015年2月28日，好未来在全国拥有289个教学中心。另外，好未来旗下的家长帮是国内覆盖面广、可信度高的教育互联网信息平台，月度活跃用户达3000万人①。好未来致力于让每个品

---

① 好未来：《企业简介》，http：//www.100tal.com/gywm/aboutus/，2015年11月20日。

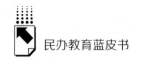
牌更加专注于自己的核心领域，针对每一个细分市场精耕细作，让每一个品牌成为细分市场中数一数二的。创始人张邦鑫解释为，"集团更名将使得我们在延续学而思多年文化积淀的同时，轻装上阵，以简单的方式探索未来的教育"①。

（2）发展历程

从区域扩张看，好未来一直是业内"相对保守"的培训机构。② 好未来的直营中心自 2011 年扩张达到 270 个，随后四年时间，中心数量变化不大，至 2015 年 2 月底，好未来拥有 289 个直营中心③。好未来在地理区域的扩张速度相对较慢，注重在一个地区的"精耕细作"，提高单中心的运营效益，同时向在线教育扩张。

从开设科目上看，2003～2004 年，好未来有奥数、英语、语文项目，主要是通过小创业者的方式，但容易造成分裂的问题。2005 年，砍掉英语和语文项目。2008 年重启英语项目，2010 年重启语文项目。

从技术上看，好未来从极度依赖老师到注重老师激励，随后通过课程标准化的建设，降低对教师的依赖程度。"每节课细化到怎么说话，如讲解完一个题之后要讲个什么笑话，什么时候该讲一个励志故事，这些看起来很土，但实际很有竞争力"④。

---

① 甄晓彦：《"学而思"正式更名为"好未来"》，《人民政协报》2013 年 8 月 21 日，第 1 版。
② 贺骏：《教育行业市场估值大幅下跌，学而思董事长张邦鑫反称是重大利好》，《证券日报》2013 年 1 月 21 日。
③ 数据见"好未来上市后业绩表现统计"。
④ 王根旺：《曹允东：趴在泥里别站着》，《创业家》2014 年第 5 期。

表 5　好未来发展历程 *

时间	事件
2003 年	·学而思第一个教学班开班 ·奥数网正式上线运营
2004 年	·中考网、作文网正式上线运营
2006 年	·学而思教育总部由知春路的知音商务写字楼旧址迁入北三环中鼎大厦 ·高考网正式上线运营
2007 年	·学而思走出海淀,在东城区设立张自忠路服务中心 ·学而思正式进入家教市场,"智康一对一"成立
2008 年	·在天津成立首家分校 ·上海分校、武汉分校分别建立 ·为汶川灾区人民捐款 200 万元
2009 年	·广州分校成立 ·在四川建立两所希望小学正式动工
2010 年	·学而思网校正式上线运行 ·E 度教育网统一各站站群正式上线 ·ICS 智能教学系统上线 ·在美国纽交所上市 ·深圳分校成立
2011 年	·学而思旗下幼教品牌摩比思维馆正式上线 ·ICS2.0 全面上线 ·成都、杭州、南京、西安分校成立 ·小班形式的课程正式命名为学而思培优
2012 年	·郑州、重庆等五大分校成立,全国分校扩展到 15 个 ·发布全新教育理念:激发兴趣、培养习惯、塑造品格 ·开展青、藏、黔、新四地大规模支教活动,成立社会责任部,专门从事公益事业
2013 年	·1 月 1 日学而思教育总部迁入位于中关村核心区的丹棱 SOHO ·8 月 19 日学而思教育正式更名为好未来,着力将好未来打造成一个用科技与互联网推动教育进步的公司,以期实现传统教育与在线学习的融合
2014 年	·长沙、石家庄、济南、青岛四大分校成立,全国分校扩展到 19 个 ·e 度教育网更名为家长帮,并推出"家长帮"App

　　资料来源:好未来:《发展历程》,http://www.100tal.com/gywm/history/,2015 年 11 月 20 日。

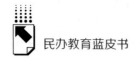

（3）业绩表现

好未来自 2010 年上市后净收入、净利润及学员人数均呈增长趋势，尤其是上市后的第二年、第三年，净收入同比增长率均超过 50%，随后的几年维持在 30% 左右，发展较为平稳。

净利润表现方面，总体呈现上升势头，但增长幅度呈波形状，好未来是教育上市公司中最早放缓扩张的，上市后的 2011 年，学而思也有过较为迅速的扩张，2011 年教学中心环比增加 138 个，增幅 141%。但这个速度进入 2012 年开始就有了质的转变，最新季报与 2011 年末相比，教学中心数量减少 6.5%。[①]

好未来自 2012 年第四季度开始暂停扩张，皆因扩张加速带给企业利润率不小的压力。随后的 2013 财年、2014 财年、2015 财年，好未来的利润增长率开始回升，显示良好发展态势。

从学员来看，好未来因其在业绩的口碑及涵盖全学段的网络社区，人数一直呈现稳定增长态势，2013 年受国家关于奥数方面政策的影响，学员人数增长速度有所放缓。对比学员人数与中心数量，不难发现，好未来自 2011 年后的学员量和营收的增长主要依赖于提高现有教学中心利用率。

3. 企业发展特点

（1）好未来的发展历史中高科技与互联网特征明显，科技及互联网技术在好未来营销和教学与服务上的应用淋漓尽致。2003 年，学而思创立之初即上线奥数网，通过录播的方式将课程搬上

---

① 《2013 年中国教育行业发展趋势分析》，中商情报网，http：//www. askci. com/news/201302/17/1713553828927. shtml，2015 年 11 月 20 日。

表6 好未来上市后业绩表现统计

财年	净收入		净利润		学员人数		中心数量（个）
	金额（美元）	同比增长率（%）	金额（美元）	同比增长率（%）	人数（万人）	同比增长率（%）	
2010	6930万	—	1420万	—	382500	—	132
2011	1.106亿	59.6	2400万	68.8	486400	27.2	270
2012	1.775亿	60.5	2430万	1.1	690300	41.9	255
2013	2.259亿	27.3	3340万	37.5	816110	18.2	265
2014	3.139亿	38.9	6570万①	81.2	1073950	31.6	274
2015	4.34亿	38.3	8570万	30.3	1494430	39.2	289

注：（1）数据皆来源于好未来（原学而思）公开发布的财务年度报表。好未来2015年财报中显示2014财年净利润为6570万美元，2014财年财报中显示2014年净利润为6060万美元。本报告采用2015财年最新公布数据。

（2）好未来财务年度起始时间为当年3月1日，结束时间为第二年2月28/29日。

网。虽然这些课程半年内仅为学而思带来7000元的收入，与线下教育相比微乎其微，因此被迅速放弃，但是好未来的在线教育已由此打下烙印。2006年12月，高考网正式上线运营，为高考生和家长提供资讯服务，一直是高中教育垂直门户网站，2015年高考网的日均浏览量达400万次，独立访客达68万人①。

2010年，学而思上线新版网校——学而思网校，重新开启在线业务，2013年12月发布ICS3.0系统，打破了传统教学"老师讲学生听"的单向传播模式，另外，学商测评、直播课、PAD教学、I摩比系统、App等一系列创新项目也逐步孵化成形并落地。2014年，好未来旗下社区网站——e度教育网更名为家长帮，并推出移动客户端"家长帮"App。2015年，收购"高考派"，与高考

---

① 《财报详讯：学而思第四季度净利润同比增249.4%》，http：//news.imeigu.com/a/1303990599615.html，2015年11月20日。

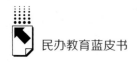
网合并运营，具体服务形式为通过大数据整理，为参加高考的学生提供各院校、专业的综合资讯，以及360度的志愿填报资讯服务分析，使得志愿填报更系统、更科学。

（2）分层教学取得巨大成功。好未来在相当长的一段时间内仅关注奥数这个学科，精细化产品，首先发明了分班的市场，比如精英班、普通班和提高班，根据学生的实际水平推荐对应的班级，实施分层教学。这使得好未来获得了爆发式增长，学生数量达到几万名，年营收高达2.8亿元。不同于北京的教育机构大多定位为"课外补习"，好未来在业内率先提出"培优"的概念，秉承中国教育"因材施教"的理念，培养优秀的学生，让他们更加优秀。

（3）注重口碑营销。注重"和客户的亲密度"，专注于教研和备课、培训。上市之前，几乎看不见学而思的任何广告，也看不见学而思的传单。将教学质量视为重中之重，如好未来总裁张邦鑫所说："提高教学质量是第一位的。股价只是一个结果，如果有一点原因，就是源于我们的价值观：成就客户、务实、创新。"[①] 在教师成长方面，有规范的教材和培训体系。上市不是为了钱，而是为了品牌效应，为获得更多资源，得到更多保护。

（4）注重教学品质和服务质量。师资团队是教育机构核心的竞争力，好未来教师团队中50%的老师毕业于清华、北大等知名学府，40%的老师毕业于重点院校，10%的老师毕业于其他优秀院

---

① 贺骏：《教育行业市场估值大幅下跌，学而思董事长张邦鑫反称是重大利好》，《证券日报》2013年1月21日，第3版。

校。据好未来培优总裁白云峰介绍，学而思初试录用率低于 10%，初试通过后还需要接受系列培训、试讲、考核，最终录用率仅为 3%①。除此之外，好未来在很多方面开创了国内中小学教育培训行业的先河，如小班授课模式、家长旁听制度等。好未来教研中心是目前国内中小学培训机构中人数最多、学科最全、内部成员学历最高的综合型教研团队。

（5）营销方式中内部转化率是行业优势。好未来旗下的家长帮网站群是其内部转化的核心所在。目前家长帮网站旗下汇集了幼教网、奥数网、中考网、高考网、留学网、作文网、英语网七大论坛，在精准化营销中，好未来的品牌和影响力被反复植入。好未来通过网络布局，最大限度地抢占生源入口，这是转化率的前提。

（6）对外扩张时实行自下而上突围。进入一个新的地区时，与其他架构由高年级开始扩张（高年级刚需性强、效果快）不同的是，好未来在进入一个地区时，往往只开设五、六年级、初一等低年级课程，虽然这限制了它在短期内的业绩数据，但好未来把精力用在开拓发展优质资源和做好续班服务方面，让口碑在该地区的学员家长中传播。一年之后，该年级学员对好未来产生强烈的认同感，便会从初一升到初二、初三，进而自下而上，打通整个产业链。也正因为如此，好未来的学员结构稳固，呈现金字塔形。

（7）与行业巨头一同引领和主导培训机构的运营模式，无论是网络还是线下竞争。家长帮论坛拥有数以百万计的注册用户，客

---

① 刘瑾、王鑫：《学而思：用专注成就教育》，《经济日报》2013 年 6 月 20 日，第 10 版。

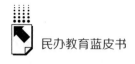

户黏度、口碑极好。线下方面，近几年行业巨头通过极低的学费或者零学费，聚集学生客户后再通过教学服务转化，转化率保持在30%～50%，效果显著。

4. 企业发展动向

纵观发展历程、业绩表现及企业特点，好未来无疑是培训领域内的"优等生"，与生俱来的互联网基因使得其发展方向具有天然优势，注重口碑，调整发展战略及时有效，发展较为稳定。不过仍有一些难题需要克服：

（1）少年儿童的在线教育需克服的难题。不同于成年的在线学习产品，中小学生在线学习，仍需克服自觉性问题，以及如何取得家长信任，扩大地域影响。这是好未来需要思考和突破的难点。

（2）好未来产品链规划。业务中心仍停留在 K12 领域。如何打造一个0～80岁的终身教育体系，拓展 K12 以外的领域，是需要思考的战略问题。

（3）如何减少政策调整带来的不利影响。取消奥数，降低中高考数学考试难度等政策对数学培训领域曾一度带来近乎毁灭性的打击，如何研发更科学的产品，减少因国家政策等外部环境因素对自身机构的影响，是好未来也是所有培训机构应该思考的问题。

（四）现阶段课外辅导机构面临的困境

课外辅导机构作为学校教育的延伸，经过十几年的发展，已经初步形成规模，甚至在某些学科业已形成白热化的竞争态势，在获得大量收益的同时，现阶段的课外辅导机构也同样面临着一定的发展僵局。

1. 课程设置方面

同类化严重。现今的课外辅导机构主要是面向小学、初中、高中学生，进行 K12 课程的辅导，各个机构开设的课程都是以考试科目为主，造成了主要课程的大量雷同。

断层化明显。课外辅导机构的课程在衔接上出现严重断裂，如在小初、初高中课程设置上的断代，或在方法技巧上的不衔接。

重复性课程多。表现为同样一个专题或者同样一个知识点的内容，重复出现在一个机构的课程上，且无拓展和深入。

压缩性课程紧。短期快速高压的课程，很难让学生完全消化知识点，容易造成辅导效果不明显。

品牌课程少。真正做到自主研发课程的机构少之又少，且极易受到政策影响，产生无品牌课程应对政策变动的局面。

针对性课程缺乏。缺少针对不同地域、不同接受水平、不同心理需求的学生的专门性课程。

线上课程老套。与线下的灵活创新相比，线上课程更新慢，内容陈旧，咨询回复单一。

2. 师资教学方面

不同于传统学校教育教师高高在上的教学模式，课外辅导机构提倡快乐学习，培训机构教师要求被塑造成具有亲和力的"知心朋友"。这样虽然大大拉近了与学生的距离，但同样也暴露出来不少问题。

第一，准入口径宽，教师质量有待提升。培训机构教师多为退休的老教师或者毕业尚未找到稳定工作的大学生，或者仅有一两年工作经验的私立学校教师，由于未经过较长期的专业化培训，很多

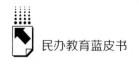

教师对于如何教授学生仍存在困难。

第二，粗放式培训，教学特色仍需加强。很多培训机构的所谓专门培训，也仅仅是短期的快速提升，时间短、内容多、框架大，对教师个人特色挖掘不深，难以帮助教师形成个人品牌。

第三，单一式晋升，教师积极性有待提高。教师的晋升渠道单一，从学科教师到科组、校区或部门领导，大多只局限于教学部门内部的提升，教师并未得到共享公司红利的机会。

第四，以分数为标准，教师心态需关注。课外辅导的唯分数论，以学生的学习成绩作为衡量教师教学水平的标准，很多优秀教师的努力未得到肯定，心态上的失衡会带来教师的大量离职。

3. 服务水平方面

服务是课外辅导机构的安身立命之本，也是其能够在激烈竞争中屹立不倒的生存之道。在服务水平上的高低，体现的是辅导机构对客户的重视程度。而许多公司在运营中，出现了以下问题：

第一，早期宣传与后期服务之间的矛盾。课外辅导机构宁愿花费大量人力、物力、财力进行前期广告宣传，只留下少数资金人力进行后期维护。宣传标语的虚假、夸大导致后期的服务无法完成。

第二，高额费用与低值服务之间的矛盾。课外辅导机构收取学生和家长的高额培训费用，规划了长期课程，并做出承诺，但是在实际辅导时，并未按照预定计划执行，让客户得到应有的服务，容易导致客户的不满与投诉。

第三，阶段性跟踪与长期性服务之间的矛盾。当学生辅导课程即将结束时，机构工作人员带有目的性集中猛烈的服务热情与续交费用后的冷淡态度形成对比，目的性、功利性的阶段性服务极易造成客户心理的落差，进而流失生源。

第四，均一对待与个性化服务之间的矛盾。对不同心理、不同水平的学生群体并未形成针对性方案，而所谓的"个性化辅导"很多仅停留在对学生性格的分析上，难以形成对学生成绩有帮助、全面客观且可实施的方案。

4. 经营管理方面

首先，一定程度的家族式管理，制约了管理效率。公司应将教师、后勤等工作人员纳入福利共享范围，共同承担风险共同享受福利，下放权力，给予教师更多管理职能和空间。

其次，盲目扩张而缺乏精准的市场定位。中小学辅导可具体细分为一对一、一对多、小班、大班等模式，许多机构为了抢占市场份额盲目扩张，在市场定位方面十分模糊，未能形成特点鲜明的品牌。

再次，在扩张过程中忽视了发展地域特色。以总部带分部的模式，复制到不同的分公司，不结合当地实际进行创新，僵硬套用同样的模式。

最后，过于追求市场业绩而忽视了树立口碑。应摒弃业绩第一的观点，将口碑作为机构可持续发展的生命线。

三 职业教育培训机构的办学案例

2014年6月，全国职业教育工作会议召开，开启了我国职业教育改革的新纪元。在会上，中共中央总书记、国家主席、中央军委主席习近平强调，要引导社会各界特别是行业企业积极支持职业

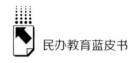

教育，努力建设中国特色职业教育体系。时任教育部党组书记、部长袁贵仁在随后召开的教育部党组会上进一步强调，要激发职业教育办学活力。积极支持和引导各类办学主体举办民办职业教育，创新办学模式，发展股份制、混合所有制职业院校。

职业教育受到社会的广泛关注，一系列政策的出台大大促进了培训市场的发展。同时，我国社会经济的快速发展大大刺激了企业对技能型人才的需求，"大学生过剩、就业难"和"技工严重缺乏、企业招工难"共生并存，这一现状也促使职业教育培训市场不断发展，国内涌现出许多师资力量雄厚、办学实力强大的职业培训机构，成为我国人才培养的基地。

（一）达内科技：立足新起点，引领行业发展新高度

1. 发展历程

2001 年，加拿大海外专业人士韩少云在加拿大多伦多创办达内科技。2002 年，达内与北京大学软件学院合作共同培养软件工程师，成为首家与北大软件学院合作且规模最大的培训公司，同年入驻中关村国际孵化园，成为首家中关村园区的 IT 培训公司。2003 年，达内获得美国 500 强私人企业——美国国际数据集团 IDG 投资，成为中国首家获得国际资本投资的 IT 培训公司。

2004～2009 年，达内进入高速发展期，以中关村科技园区为依托，在中国软件业发达的城市——北京、广州、大连、南京、武汉、杭州等建立多个职业教育中心，加强与高校、企业的交流、合作，确保生源输入、就业输出，先后荣获"全国信息技术人才培训基地""首都大学生就业培训基地""2006 北京最具影响力

的 IT 职业教育机构""中国 IT 教育十大影响力品牌"等各项荣誉。

2010～2013 年，达内在行业内挥旗驰骋，不断拓展"疆土"：先后在大庆、哈尔滨、郑州、福州等地开设中心，与微软强强联手，成立微软中国发展中心，获得国际领先的投资银行和证券公司美国高盛集团 2000 万美元投资，成为金融危机后教育行业单笔融资之最。

2014 年 4 月 3 日，达内科技登陆美国纳斯达克证券交易所，成为中国职业教育行业首家在美国上市的公司，同时也是 2014 年赴美上市第一股。在同年新浪、腾讯举办的年度教育盛典中，达内先后摘得"最具综合实力职业培训机构"年度大奖，荣评"2014年中国最具实力教育集团"并在 2015 年 1 月荣登"职业教育品类行业数字资产卓越奖"榜首。

经过十余年的发展，达内国际集团已成为中国 IT 职业教育的第一品牌。根据 IDC 的数据，达内国际集团是目前国内最大的 IT职业教育机构，市场份额超过 8.3%，排名行业第一。目前，达内开设 Java、C＋＋、C#/. Net、3G/Android、3G/IOS、PHP、嵌入式、软件测试、UID 等 16 大课程，在全国 30 多个城市建立了130 多家培训中心，在读学员 3 万余人，已累计为 IBM、微软、摩托罗拉、华为等知名 IT 企业培养输送了 15 多万名中高级软件人才①。

---

① 达内教育：《企业简介》，http：//wh. tedu. cn/baidu/dnpp/#，2015 年 11 月 20 日。

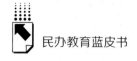

2. 经营概况

（1）教学模式：线上线下结合的 O2O 模式，实现优质教学资源最大化利用

O2O 模式是当前教育培训行业的热门词，是众多培训机构都尝试运用的商业模式。事实上，达内在 2006 年就开始运用这一模式，做起互联网教育。目前，达内的 O2O 体系通过远程视频同步教学、实体学习中心现场辅导、在线学习管理系统三大教学平台，为学员们提供实战培训。

具体而言，达内主要是在北京集中优质的教师资源，然后通过远程直播的方式把教学内容同步到全国各大教学中心。由于 IT 培训具有很强的实操性，达内的各大教学中心以研发人员组成教师队伍，专门负责将名师所讲授的理论知识转变为学员实际操作的能力，激发教学互动性。同时，达内运用配备课程回放、在线问答、资源共享等功能的在线学习管理系统 TTS 教学平台，方便学生自测、复习，确保学习效果。

这种商业模式解决了企业在扩张过程中师资紧缺的问题，实现了优质教学资源的最大化利用。同时，保证了教学和管理的标准化和系统化，在达内发展过程中很好地发挥出规模效应和边际效应，使得达内的毛利率达到 70% 左右，创下培训行业新高。

（2）收费模式："先学习，就业后付款"，实现学员企业双赢发展

衡量企业的发展情况，销售额是一个重要指标。与竞争对手相比，达内的优势在于学习人数多，如何在现有人数上进行突破、提升销售额，是达内迫切需要解决的问题。从最初的 1.38 万元涨至

如今的 1.78 万元，达内的学费对于应届大学毕业生而言一直非常昂贵。为此，达内在 2005 年借鉴房贷按揭的模式率先推出"先学习，就业后付款"的收费模式，即先交部分学费，剩余学费在完成学习就业后再分期付款。如此一来，对学员而言，解决了学员上不起学的问题，增强其学习动力，有助于实现成功就业；对达内而言，大大降低了企业的销售门槛，有助于生源量的不断扩大，一定程度上，也彰显了达内对自身教学质量、教学效果的自信。当然，这一收费模式也为达内带来了占压现金流的问题，随后，北京银行出于大学生这一消费群体的考虑，承担起了大学生学员"首付、抵押金"的风险，为该模式的持续运作提供了极大支持。

（3）师资：注重师资组合及教学系统

达内创业之初，一直秉承着"汇聚国际化 IT 精英，打造国际化 IT 英才"的企业使命，"高薪聘名师，名师出高徒，高徒拿高薪"更是成为公司教学团队建设的核心理念，明确唯有一流的教学团队才能打造出一流的 IT 人才。因此，达内汇聚了中国 IT 培训最庞大、最专业、最权威的教学团队；30 多位全职专家级讲师、200 多位全职项目经理、专家级讲师均来自惠普、IBM、摩托罗拉、西科姆、亚信（AsiaInfo）等国际化高端 IT 技术公司。其中包括 10 位加拿大 IT 专业人士，6 位取得海外计算机相关专业硕士学位且具有海外工作经验。

相对而言，达内更注重师资组合，用教学系统来保证教学，而非名师。达内高级运营副总裁孙莹认为，职业教育领域需要用教学系统解决就业问题，这是单一的名师无法解决的，同时，任何一位名师都有自身的局限性，只有将他们组合起来，形成团队，以集体

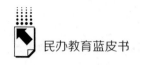
智慧研发出的系统课程才会科学规范，经得起市场检验。

3. 发展亮点

（1）赴美上市，树立职业教育发展里程碑

2014年4月3日，达内成功在美国纳斯达克上市，是中国第一家在美国上市的IT职业教育集团，同时也是2014年赴美上市第一股，成为年度教育行业大事件，为职业教育的发展树立起标志性里程碑[①]。

成功上市给达内赢得了巨大的广告效应，大大提升了企业的知名度，其最终意义是为企业创造更大的生源量，提升销售业绩。同时，达内将把上市后募集到的资金用于纵向拓展及横向拓展：纵向发展新区域、新教学中心，横向新增现有教学中心的课程并开设更多课程。上市给达内带来了巨大的市场发展潜力。

（2）看准市场前景，拓展泛IT、非IT职教领域

移动互联网快速发展，使UI设计师成为最热门的行业之一，UI设计师供不应求。认准这一市场需求，达内于2013年2月开始搭建新的"产品线"，推出数字和艺术培训课程（UID）。2013年当年，达内招收到近5000名学员，2014年人数突破万人，UID单门课程的收入在开课第二年就超过1.5亿元人民币。同时，达内还新增了网络营销课程，正式拓展泛IT职教领域。2014年第三季度的财务报表显示，收入占比中，UID和网络营销这两门泛IT课程

---

① 达内科技：《赴美IPO意气风发O2O模式显威力》，http：//learning. sohu. com/20141202/n406594224_ 6. shtml，2015年11月20日。

的收入占比已经高达 38.5%[①]。

同年 10 月，达内成立会计学院，12 月正式推出了针对会计培训的完全非 IT 的课程，首期试点在北京招了两个班共 100 多名学员，至今，招生人数仅低于数字艺术和 Java 课程，为达内的发展带来强大的发展后劲。

IDC 数据显示，预计到 2017 年，中国 IT 培训、计算机图形培训、网络营销培训的市场规模将分别达到 120 亿元、44 亿元、15 亿元。拓展泛 IT、非 IT 职教领域将成为达内未来发展的方向。

4. 发展趋势：继续加速扩张，将触角延伸至更广阔的非 IT 职教领域

韩少云认为，目前 IT 产业仍处于高速发展状态，IT 培训市场尚未饱和，但该市场已经无法满足达内的扩张需求。鉴于 2013 年至 2014 年新增的泛 IT、非 IT 课程收益良好，且从 2015 年第一季度和第二季度的财务报表数据来看，第一季度增开的 8 家教学中心中，有 1 家为 UID 学习中心，其余 7 家为会计学习中心，非 IT 类课程收入占比提升，收入来源多元化：来自非 IT 类课程的收入保持较高的增速，截至第二季度，非 IT 类课程收入占比已经达到44%。特别是会计课程，当前发展势头良好，从招生情况来看市场空间很大，预计在未来将成为达内收入的重要组成部分。达内计划新增更多非 IT 类课程，如人力资源、职业经理人、销售等，计划在 2016 年上半年正式上新。

---

① 达内科技：《赴美 IPO 意气风发 O2O 模式显威力》，http://learning. sohu. com/20141202/n406594224_ 6. shtml，2015 年 11 月 20 日。

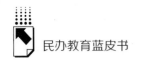
机遇与挑战总是并存，非 IT 类课程的新增能够让达内进入更广阔的职业培训市场，但也带来了较大的风险。以达内的标准化程度，在原有课程基础上添加新课程并不难，加上达内本身有较强的招生能力，过去两年新增的 UID、网络营销等泛 IT 课程就是很好的证明，但新增课程的教学质量、学员的就业情况还有待观察，如果在加入扩张的过程中出现新课程质量跟不上或者是原有课程质量下滑的情况，将会对达内的发展造成较大伤害。

（二）车先生：办好一所学校，带动一条产业链

1. 公司概况

湖南车先生实业有限公司（Mr. car）注册资金 5000 万元，是在湖南崇德教育发展有限公司、湖南有车生活商贸有限公司基础上通过资产重组，依法在湖南省工商局注册成立的一家多元化致力于汽车职业教育、汽车后市场服务的综合性集团公司。车先生实业秉承"传承匠心精神，专注汽车教育"的办学思路，以"办尊重的教育，培养尊重的人"为办学理念，以办好一所学校为平台，带动一条汽车后市场产业链为目标。

目前，公司教学基地现有汽修专业专职教师 72 人，外聘专业理论课和技能课教师 15 人，外聘驾训教练员 7 人。其中本科以上学历 25 人，高级技师 12 人，中级职称 16 人，双师型教师 32 人，具有汽车维修工高级职业技能资格证书 8 人，在校学生 1531 人。

2. 运营概况：教育产业两手抓，攻占汽车后市场

车先生将教育模块与产业模块紧密结合，教育模块主要以学校为平台，成立"车先生汽车学院"，致力于打造国际一流的汽车梦

表7　车先生发展历程（2011～2015年）

时间	事件
2011年	进行项目立项，开始筹划项目
2012年	1. 完成项目所有硬件投资； 2. 整合行业师资体系、教学体系、招生体系，打造特色的办学思路； 3. 启动电视、网络招生宣传，完成初次自主招生； 4. 认真分析总结自主招生的瓶颈及传统招生的优、劣势，制订特色招生体系； 5. 拟定出与中职学校校企合作的办学发展思路； 6. 与茶陵县职业中等学校签订校企合作协议，打造校企合作模式
2013年	1. 进一步完善校企合作办学模式； 2. 与衡南县职业中专、洞口职业中专、洪江职业中专签订校企合作协议
2014年	1. 与沅江职业中专、南县职业中专、宁远职业中专签订校企合作协议； 2. 与长沙市汽车后市场各类单位共同成立长沙市汽车联合商会，并出任执行会长兼秘书长单位； 3. 投资入股深圳捷和二手车行； 4. 成立Mr. car汽车产业部，打造Mr. car品牌汽车美容连锁店； 5. 参加中国汽车维修行业协会教育培训工作委员会，出任主任委员单位
2015年	1. 本部首届自招学生及茶陵、衡南校企合作学校学生毕业，全部学生安排就业； 2. 成立Mr. car人力资源公司，学生毕业后将其身份转化为公司员工； 3. 与国家开放大学汽车学院合作共同成立国开大汽车学院长沙分院

幻城，以具备国际最高端的精英人才、具备国家级的专业教学体系、培养学生自主创业的就业体系及培养最专业的应用型人才为自身定位。

在发展过程中，车先生相继与一汽大众、广州本田、申湘汽车集团、神州租车集团、东方君泰职教集团及茶陵县职业中专、衡南县职业中专、洞口职业中专、南县职业中专等8所国家级、省级示范性职业中专联合办学，共同打造"汽车运用与维修"专业，为

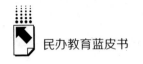

汽车售后市场输送应用型人才。

2015 年 1 月，车先生成功与国家开放大学合作共同成立湖南汽车学院，旨在以国家开放大学"新型产业工人培养和发展助力计划"为切入点，通过强强联合，整合汽车行业优质职业教育资源，服务企业转型升级，助力学生成长发展，共同培养各层次技能型紧缺人才，特别是高层次汽车技能型紧缺人才。

车先生的产业模块在优化学生实习、就业渠道基础上，整合大量汽车后市场的优良资源，成立"车先生汽车产业部"，主营项目涵盖汽车美容连锁、二手车评估、二手车交易、汽车销售、汽配销售、人力资源公司及汽车商会，业务范围覆盖湖南全省及长三角、珠三角地区。

教育产业两手抓保证了车先生在培养汽修技能型人才的同时，妥善安排学生就业，彰显自身教学成效，提升品牌知名度。更重要的是，车先生以优质生源作为依托，攻占汽车售后市场，向"以办好一所学校为平台，带动一条产业链"的发展目标不断迈进。

3. 发展亮点：深化校企合作办学，打造高级汽车技能型人才

2012 年，车先生拟定校企合作办学的发展思路，同年与茶陵县职业中等学校签订合作协议。经过首次合作，车先生进一步完善合作办学模式，在 2013 年至 2015 年先后与衡南县职业中专、洞口职业中专、洪江职业中专等 7 所学校达成合作，在校企合作办学的道路上稳步前进。

2014 年，教育部颁布《开展现代学徒制试点工作的意见》，明确提出积极开展"招生即招工、入校即入厂、校企联合培养"的现代学徒制试点工作。同年，《湖南省现代职业教育体系建设规划

（2014～2020 年）》提出，推进企业参与、举办职业教育。完善企业职业教育和职工培训制度，鼓励支持行业、企业直接举办或参与举办职业教育，发挥企业重要办学主体作用，到 2020 年，大中型企业参与职业教育办学的比例要达到 80% 以上。

《紧缺人才报告》显示，目前我国专业汽修人才缺口超过百万。不仅汽车维修人员十分欠缺，高水平、高素质的汽车维修技师更是"一将难求"，企业普遍存在"用工荒"现象。市场对高级汽车技能型人才的迫切需求及国家加快构建现代职业教育体系的政策指引，极大地鼓励着汽修职业培训行业的发展，"以就业为导向、以汽修专业为本位"的校企合作办学模式更使得职业教育的前景更为广阔。

《湖南省现代职业教育体系建设规划（2014～2020 年）》强调"创新职业教育发展机制，健全统筹协调、责权明确、规范有序、运行高效的职业教育管理体制"，车先生进一步调整办学思路，瞄准培养目标，即中职阶段教育目标是重点打造汽车美容与维修的中级技工应用型人才，大专阶段教育目标是重点打造汽车后市场高级技工专业型人才。同时，进一步升级教学环境，明确实训车间的功能是实现学员目前学习环境、实训项目、实训操作流程与未来工作环境、工作项目、工作流程无缝对接。

在校企合作办学项目中，车先生与中职学校的合作内容包括：第一，共同打造汽车运用与维修湖南省特色专业；第二，按照国家标准建立省级实习实训基地；第三，创新学生就业模式，建立创业孵化机制、支持学生合作创业；第四，建设以汽车运用与维修专业为核心的专业群；第五，双方合作进行三年制中职或中职大专连读

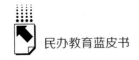
的汽车运用与维修专业的联合办学，采用"2+1"的办学模式，即在中职学校就读两年，在车先生长沙学校就读一年。课程方面，中职学校规划和编制"2+1"模式的文化课程体系，采用国家规定的中职教材，车先生使用自主编写的成套教材，分三年完成全部教材的教学和实践任务。文化课部分由中职学校分学期考核，专业课由车先生分模块进行考核和操作实践。对于考试合格的毕业生，中职学校发放中专毕业证，车先生发放人力资源和社会保障部颁发的技术等级证书、交通运输部颁发的从业资格证书，并负责就业安置。

在与大专院校的合作项目中，双方致力于打造汽车检测与维修技术专业，由校方按照两年半的学习时间安排教学计划，最短学习年限不少于两年半。学员须从以下几方面进行提升：第一，掌握汽车检测维修专业的基本理论、基本知识和基本技能；第二，具有应用先进的仪器设备，对汽车进行检测、故障诊断和维修的能力，能够分析和解决本专业一般的技术问题，具有处理一般常见故障的能力。熟悉汽车维修企业的生产过程，具有初步的企业生产和组织企业班组生产的基本能力；第三，能够阅读、翻译汽车说明书及维修手册等外文技术资料；第四，具有管理、协调的能力，具有良好的人际交往能力、团队合作精神和客户服务意识；第五，具有安全生产、环境保护意识。课程模块设置包含四方面：公共基础课、专业课、综合实践课、特色课。毕业时，学员只有取得高于76分的学分时，才能获得相应的职业资格或职业技能证书。

校企合作已成为优化汽修职业教育的重要途径。这一办学模式的探索实践，让职业学校学生获得实际的工作体验，帮助他们顺利就业，有效提高了学生的职业能力，帮助毕业生快速实现由学生向社会人的角色转变。同时，能够及时帮助学生掌握就业信息，实现学生就业和企业用工的顺利对接。就合作双方而言，充分发挥了学校和企业的各自优势，双方互相支持、双向介入、优势互补、资源互用、利益共享，实现企业和学校双赢发展。

4. 发展趋势

（1）汽车后市场迎来黄金发展期，汽修职业教育随之蓬勃发展

截至 2014 年底，我国汽车保有量已达到 1.54 亿辆，汽车逐渐成为家家户户的必备代步工具。汽车保有量的不断增加，带动了汽车后市场，使其迎来黄金发展期。

整车的生产和销售、零部件的生产和销售、汽车后市场，是汽车产业链的主要利润分布点，其中汽车后市场是指汽车销售后，围绕汽车使用环节中各种后继需求和服务而产生的一系列活动，包括维修保养、汽车金融、拆解再利用等。相关的行业研究报告显示，在完全成熟市场中，汽车产业链利润的 60% 集中在汽车后市场。而 2014 年中国汽车后市场规模已达 6000 亿元，预计未来中国汽车后市场年均增速将超过 30%，2018 年汽车后市场规模有望破万亿元规模①。

作为汽车后市场中的重要服务领域，汽车检测及维修市场对维修人员的需求不断提升，推动了汽修专业及职业教育教学装备行业的发展。2014 年，交通运输部、国家发改委、公安部等十部委联

---

① 中国连锁经营协会、菁葵投资：《2014 年中国汽车后市场连锁经营研究报告》，http://www.chinairn.com/news/20150202/161314783.shtml，2016 年 11 月 17 日。

合发布《关于促进汽车维修业转型升级提升服务质量的指导意见》，指出未来 5 年至 10 年，是我国全面建成小康社会的关键时期，汽车维修业将获得更为广阔的发展空间，明确了汽车维修领域进入市场格局重塑的变革期。汽车维修业的转型升级、市场规模的增长将会影响职业院校的专业设置、人才培养、设备采购，进而给汽修教学装备行业带来新的利润增长点，职业教育和职业教育教学装备行业中侧重点为汽修的企业将会得到进一步发展。

（2）汽车加速更新换代，汽修专业课程、教学设备随之升级

随着新汽车技术的应用和新工艺的发展，汽车车型类别不断细分，汽车配置可选择性增强，新车型更新换代速度加快，加上汽车配件、汽车用品的更新换代周期越来越短，汽车行业对维修人员的维修水平和素质要求越来越高，尤其需要维修人员具备持续的学习能力。这一趋势也将影响汽修职业教育机构对汽车维修教学装备的需求，新车型推广后甚至是推广前，职业院校便需要对学员进行新技术新设备的培训，以使学员适应市场需求，掌握前沿知识和技术。

以新能源汽车为例，截至 2014 年底，中国新能源汽车保有量已经超过 12 万辆，2014 年下半年，新能源汽车市场开始迅速发展，全年销量已将近 8 万辆。工信部数据显示，2014 年我国新能源汽车产量为 8.4 万辆，同比增长了近 4 倍。根据国务院印发的《节能与新能源汽车产业发展规划（2012～2020 年）》，到 2015 年，纯电动汽车和插电式混合动力汽车累计产销量力争达到 50 万辆；到 2020 年，纯电动汽车和插电式混合动力汽车生产能力达 200 万辆、累计产销量超过 500 万辆，燃料电池汽车、车用氢能源产业与国际同步发展。

围绕新能源汽车的增长，与之相关的汽修行业将出现错峰增长，进而引发与新能源汽车相关的职业教育培训和职业教育教学装备市场的新一轮增长。从国家对环保、新能源汽车发展的扶持力度来看，新能源汽车产销量、保有量将迅速增长，其维修保养市场发展前景可观，汽修职业教育机构在专业课程设置、实训设备采购方面，可重点考虑新能源教学设备及软件，以此作为企业发展的战略性方向之一①。

（三）职业教育培训机构现状分析

第一，课程设置热门化。职业教育培训不同于其他辅导行业，其培训内容实践性强，可操作性突出。培训机构的课程设置不仅要结合社会的热点岗位，推出符合社会需求的课程，也要做出长远规划，推出能够服务生活需求的岗位。既要开设软件工程、汽车维修等热门专业，也要设置与人们生活紧密相关的其他专业。多样化的课程才能在吸引生源的同时，维持就业的广泛性。

第二，课程辅导机械化。当前的职业教育培训只局限于培养学生熟练的生产操作，学生综合素质能力过低，不能满足当前企业用人需求。应针对不同学生的兴趣爱好、个性特点等，灵活开设更多符合学生特性的课程。

第三，教师队伍单一化。当前职业教育对教师的要求明显提高，但很多培训机构中的教师并不符合职业教育要求的"双师"

①　王维祺：《职业教育行业发展机遇巨大》，http：//www. cs. com. cn/ssgs/gsxl/201509/t20150924_ 4805919. html，2015 年 11 月 20 日。

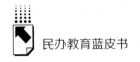

型教师标准。很多培训机构中的教师仅作为"职业资格类"教师进行教学，并不能及时关注学生成长。教师角色单一，学历水平有待提高，缺少大量高素质高学历高技术的复合型教师。

第四，考核标准宽松化。各级就业培训机构举办的培训班短则一个月，长则三个月，而多数培训班实际培训时间均短于课程安排时间。职业培训作为一种社会培训，管理较松散，宽进宽出。作为培训机构，缩短时间意味着降低成本。但是缩短培训时间，也往往意味着培训效果大打折扣。职业培训机构想要在激烈竞争中站稳脚跟，必须严格学生考核标准，收紧毕业口径。

第五，就业服务短暂化。职业培训机构多以"包就业"为卖点，最大限度地吸引学生报名，为学生提供就业保障。多数机构承诺一旦就业不成功，全额退款。但当情况发生时，机构往往以学生培训不达标为由，让学生继续参加培训，后续的培训或免费或收费，这样一方面是为了让学生继续学习，另一方面也是为了拉长就业期，机构在这期间为学生继续寻找合适的岗位，避免退款，利用这种方式避免经济损失。这种"拖延战术"实际上已经对学生的利益造成了损害。短期的就业服务方式也给机构带来不良影响，延长就业服务期，能够在一定程度上提升客户的满意度。

四　在线教育培训机构的办学案例

（一）在线教育发展的基本情况

随着时代和科技的发展，知识更新速度加快，更新周期由 19

世纪以前的 80～90 年缩短为 21 世纪的 3～5 年。受经济发展水平的影响，不同地区享受的教育质量不均衡，不同阶层、不同收入的人群受到的教育也不均衡，在线教育（最初为网络教育）应运而生。相对于传统教育，在线教育使得学习者不受时空限制，可以更便捷的方式、更灵活的时间获取更加丰富和优质的知识体系。发达地区和欠发达地区的人群也因此有了能够享受同等教育资源的可能，低收入人群能够享受高质量教育。近几年来，在线教育受到了消费者、培训机构、互联网公司以及投资人、媒体、相关研究机构等各方社会力量的广泛关注，各大巨头纷纷涌入，发展速度非常快。

目前，我国是世界上人口最多的国家，根据 2013 年人口普查统计数据，我国人口数量达到 13.5 亿人，其中 5～24 岁的学龄人口约 3.3 亿人，占人口总量的 24.5%。此外，我国教育消费比重大，职教培训需求旺盛。同时，我国网民规模 2013 年已达 60.4%，互联网普及率已达 45%，而在 40 岁以下接受教育的主体人群中，这一普及率更高。手提电脑、智能终端等进入千家万户，为在线教育发展提供了良好的硬件基础。

在线教育的投资热度及市场规模扩张迅速。2004 年，我国网络教育市场规模约 143 亿元，2013 年已达到 981 亿元，实现了 21.2% 的年均复合增长率，预计 2015 年在线教育市场规模将达到 1200 亿元人民币。

从在线教育的细分领域市场规模看，2013 年，学前教育、K12 教育、高等教育、职教培训以及其他教育市场规模分别为 18 亿元、202 亿元、444 亿元、233 亿元和 85 亿元。高等教育、职教培训及

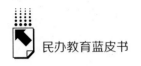
K12 教育分居前三，这也符合在线教育的发展历程及受众年龄特征。

表8 2013 年在线教育细分领域市场规模统计

细分领域	学前教育	K12 教育	高等教育	职教培训	其他培训
市场规模(亿元)	18	202	444	233	85
占比(%)	1.83	20.57	45.21	23.73	6.62

资料来源：凤凰在线教育实验室：《2014 在线教育行业分析报告》，http://edu.ifeng.com/a/20140922/40817469_0.shtml，2015 年 11 月 20 日。

（二）在线教育的主要类型

在国内主要的在线教育平台和产品中，75% 的平台都提供视频观看，有 30% 的平台可提供实时课堂直播（少量可实现实时互动）；在 59% 的平台上可以直接购买课程（包括线下授课课程和在线课程）、资料和视频；有 22% 的平台同时开设线下授课服务；有38% 的平台提供资料下载、题库、测试、智能管理服务[1]。

在线教育覆盖面广、形式多样，按照产业链分工，主要分为内容提供商型、平台提供商型和技术提供商型三类。

1. 内容提供商型的在线教育机构/品牌

这类型的在线教育机构/品牌能自主生产高质量内容，内容可分为学习视频、辅导 App 软件以及文档资料三种形式，具体的产品类型和代表企业/品牌如表9所示。

---

[1] 《2014 年国内在线教育基本情况分析》，中研网，http://www.chinairn.com/news/20140522/163553263.shtml，2015 年 11 月 20 日。

表 9　内容提供商型的在线教育机构

内容提供类型	产品类型	代表企业/品牌
学习视频	传统网校和远程教育	学而思网校、正保远程教育、华图网校、101 网校、新东方在线、尚德在线等
	MOOC/公开课	新浪公开课、网易公开课、edX、1 号教室、MOOC 学院等
辅导软件 App	背单词型产品	拓词网、扇贝网
	题库型产品	猿题网、梯子网
	笔记型产品	印象笔记、道云笔记
	早教类产品	悟空识字、熊猫识字
	评测与咨询工具	ATA、决胜网
文档资料		百度文库、豆丁网、道客巴巴、知乎、果壳网、豆瓣等

2. 平台提供商型的在线教育机构/品牌

表 10　平台提供商型的在线教育机构

平台类型	主要特点	细分类型	代表企业
B2B 模式（Business - to - Business）	主要客户是学校及培训机构，在线教育机构将其研发的课程或服务直接提供给机构客户，机构客户在此基础上，利用课程进行教学或者利用服务（如相关的在线课程系统软件、服务和解决方案）建立在线教育体系，在线教育机构和机构客户从学费或课程收益中进行分成的商业模式	—	BAT（百度、阿里、腾讯）
B2C 模式（Business - to - Customer）	教育机构直接面向消费者提供教育服务，主要通过自制原创的教学视频，或免费或付费开放给学习者	B2C 交互	微课网
		B2C 单向	学而思网校新东方网校中华会计网校

平台类型	主要特点	细分类型	代表企业
C2C 模式 （Customer – to – Customer）	个人为消费者提供教育服务，用于知识和经验技能的分享、交易平台，每个人都可以发起一门课程，也可以加入其他人发起的课程，分享自己的经验，或者学习别人的内容。平台本身一般不生产原创内容，而是致力于让每个人的经验和智慧都可以得到更广泛的分享	C2C 电商	YY 教育 传课网 淘宝同学
		C2C 社区	多贝网 粉笔网

资料来源：搜狐科技：《细数在线教育平台十大盈利模式》，http：//it. sohu. com/20140331/n397500042. shtml，2015 年 11 月 20 日。

注：以淘宝同学为例，2014 年 3 月 12 日，在教育培训年会，淘宝同学负责人透露教育类目支付宝交易额在 2013 年为 10. 53 亿元人民币，其中，用户购买的品类中在线课程占 43. 1%、教材资料占 33. 3%、线下课程占 23. 5%。

3. 技术提供商型的在线教育机构/品牌

在线教育产业链中，除了提供内容、平台外还有一些为技术支持的企业，一般有两种方式：一是技术打包支持，二是提供平台及环境。技术打包支持一般服务于企业，为专门课程或需求定制独立产品，技术服务提供商仅提供技术研发及维护，如微恒 MEM 为培训机构或学校提供"教—学—管"一体化技术支持。而提供平台及环境则是教育机构和个人教师向技术服务提供商租用搭建好的网络平台和产品，如立思辰、天喻信息在政府或学校搭建教育云平台等。这类企业具有特殊性，它们不直接输出与教育相关的内容，但所有的产品和技术都是围绕着教育实现、知识传递进行的，是在线教育发展中不可或缺的一环，其存在为内容提供商和平台提供商奠定了技术基础。

（三）在线教育的基本盈利模式

纵观在线教育企业的发展现状，传统在线教育的模式较为成熟，盈利模式完善，企业运转正常。而新兴在线教育正积极探索属于自己的盈利模式，大部分尚处于投资阶段，在线教育未有盈利或盈利仅占整体收益的一小部分。目前，在线教育的盈利模式主要有以下五种（见表11）。

表11 在线教育的盈利模式

序号	盈利模式	具体方式	代表企业
1	内容收费	• 初期免费，后期收费； • 会员卡制：付一定的费用可以观看或下载所有的学习资源； • 全付费课程：每个课程都需付费才可观看	学而思、新东方、邢帅网络学院、华图网校
2	增值服务	• 咨询答疑单次收费 • 咨询答疑按月收费	金程教育、中华会计网
3	软件收费	• 一次性下载费用 • 按时间段收费（如月、季）	语言学习软件、学前教育
4	平台佣金/入驻费	在线教育中介商，只提供平台，不生产内容，任何人都可以开设、上传课程，并明码标价公开售卖。用户向开课者支付费用后即可获得课程或资料。平台从交易金额中抽取一定的金额： （1）邀请教育机构入驻，利润来源是收取教育机构一定的费用，不收取最终的成交额与消费额； （2）邀请老师入驻平台，收取一定的佣金费用	淘宝同学、YY教育、传课网
5	广告模式	（1）定额 （2）按业绩收费（按点击次数） （3）按流量收费	百度、豆瓣

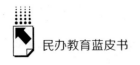

除以上五种主要盈利模式外，还有部分在线教育企业通过获取风投或使用众筹的方式，获得相应的收益和回报，也不失为一种盈利方式。

（四）在线教育机构案例分析

2014 年 12 月 21 日，在第二届国际在线教育峰会上，中研世纪侯佩剑发布的《中国在线教育市场研究报告》，总结了在线教育各类运营商对市场的贡献度——内容提供商 20%、技术提供商 45%、平台提供商 5% 和其他运营商（代理商和加盟商）30%。可见目前在线教育产业的搭建，技术提供商及内容提供商抢先一步获得市场认同①。在此，按照在线教育类型，选择内容提供商——北京天学网教育科技股份有限公司（简称天学网）与技术供应商——北京凌声芯语音科技有限公司（简称凌声芯，为立思辰注资公司）进行在线教育的案例分析。

1. 天学网：注重产品内容的原创和教学服务，支持个性化学习

（1）公司概况

①公司简介

天学网将自身定位为服务于规模个性化教育，基于人工智能、大数据等智能技术与教育行业，聚焦分层教学与个性化教育，提升教师效率，激发学生潜能。

天学网重视教育产品内容的高品质原创，为学校、教师与学生

---

① 《在线教育企业该以"内容为王"or"技术为王"》，凤凰财经，http：//edu.ce.cn/xw/201410/24/t20141024_2020231.shtml，2015 年 11 月 20 日。

提供智能教育解决方案，致力于个性化教育在学校的大规模普及，与其线下教育构成闭环。公司制定和稳步实施"平台＋内容"战略，基于移动互联网为学校或教师提供以分层、走班、翻转教学为核心的智能教学解决方案，为学生提供以个性化或定制化学习为核心的智能学习解决方案，致力于在学校大规模地普及个性化教育，与学校、家庭一起成就孩子的未来。教师、学生、家长能够方便快捷地通过不同终端上的天学网客户端使用各种产品。

天学网重视教学法创新，并在此基础上融合互联网、大数据、人工智能与高品质资源，提供各种产品与服务。天学网提供的产品与服务包括平台服务、学科智能教学产品与精品个性化课程。

天学网长期为中学教师、学生与家长提供服务，建立了良好的口碑，目前推广的区域已经遍及全国二十多个省份，2016 年，超过 8000 多所中学的 500 万名学生采用市场化的付费方式购买了天学网的产品与服务。

②发展历程

2003 年，天学网进入教育服务行业，当时的产品聚焦为服务高考听力的专项学习教辅产品，从一开始就注重教辅产品的内容原创性，打造了"百朗"这一高中听力教学的全国性品牌。2008 年，天学网开始布局互联网教育，公司域名 www.up366.com 的含义是"365＋1"，即"365 天，进步每天看得见"，这代表天学网的教育服务理念。2014 年，天学网提出让每个学生说一口流利的英语，天学网大规模直播课开始运营，天学网移动客户端上线，天学网部分应用进入学校试用。

2015 年，天学网智能英语听说产品正式进入市场，全国各地学校教师与学生开始广泛使用；天学网在线课堂正式开始校级规模的使用；天学网智能口语测评系统在 30 万学生试用与优化后，正式对外发布。天学网成功在全国 14 个省份举办"中学英语教学创新精英论坛"，3000 多名教师参加了论坛，沟通、交流与分享了信息化时代的英语教育教学创新。天学网始终领跑学校互联网教育，围绕"互联网＋大数据＋人工智能＋高品质资源"进行布局，构建互联网教育新生态。

2016 年 6 月，天学网发布"智能教育战略"，专注于将互联网、大数据、人工智能等智能技术与教育教学深度融合，为分层教学和个性化教育提供整体解决方案。2016 年 12 月，天学网与浙江大学附属中学签署"规模个性化教育探索"战略合作协议，共同致力于为满足选课走班和分层教学的需求，利用人工智能、大数据技术，帮助学校普及规模个性化教育，进一步完善以创新人才培养为目标的育人体系建设，为中国特色的基础教育改革探索实践经验。

2016 年 12 月，天学网与浙江大学附属中学共同打造的智能学科教室——"新教育体验中心"正式进入浙大附中日常教学应用中，基于人工智能和大数据技术，积极转变老师的教学模式和学生的学习模式。2017 年 4 月，教育部副部长杜占元同志、中国教科院院长田慧生同志、各省教育厅教育信息化负责同志先后参观考察"新教育体验中心"。

2017 年上半年，天学网先后发布了《听力满分》（高中版）、《听力满分》（福建初中版）、《高考高频词汇》等智能学科产品，基于人工智能和大数据技术，让学生的学习更有效。

（2）运营概况

①产品：分层教学与个性化教育整体解决方案

《国家教育事业发展"十三五"规划》明确表明，鼓励学校利用大数据技术开展对教育教学活动和学生行为数据的收集、分析和反馈，为推动个性化学习和针对性教学提供支持。支持各级各类学校建设智慧校园，综合利用互联网、大数据、人工智能和虚拟现实技术探索未来教育教学新模式。

为了响应这一号召，天学网展开了一系列实地走访与调查。在调研的过程中，天学网团队走访了多地名校，了解学校在开展分层走班教学过程中遇到的种种问题。为了减轻学校与老师的压力，天学网提出了一整套分层教学与个性化教育解决方案，以帮助学校与老师解决分层教学与个性化教育的难题。

a. 虚拟教室与线上教学解决方案

教师不足与教学空间限制、一校多址、师生比与教师性别比例的严重失调、教师教学水平的差异、雾霾台风等自然灾害频发导致教学无法正常进行等问题，严重影响学校分层走班教学的实现。

虚拟教室与线上教学解决方案利用学校已有的信息化设备，低成本改造升级，基于天学网智能平台构建互联网虚拟教室，拓展学校教学空间，支持学校线上教学。融合互联网、大数据与人工智能技术，开展分层走班教学，开展包括合作、探究与自我展示等自主性教学活动。

通过天学网打造的虚拟教室，学校和教师可以使用音视频、讲课仪、PPT演示切换，实现高效课堂。高效支持分层走班教学，假期补课、答疑、提问讨论。跨校区、跨教室直播授课、在线培训、

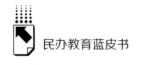

教研备课等。

b. 校本课程解决方案

天学网校本课程解决方案旨在以课程为中心协助学校进行校本建设，包含教材、题库、测评，记录学生的学习行为数据，学校可按照需求定制校本课程，共建共享、迭代优化、分层使用。

天学网打造的校本课程可支持不同的教学形式，包括课堂展示、作业和测试、问答、视频直播、DASHBOARD 等功能。同时支持不同校区、多位老师共同参与校本课程建设、分享使用和迭代优化。校本课程成果支持分层教学使用，记录教学和学习产生的用户数据，实现过程性评价。

c. 学科测评解决方案

传统测评手段重结果，轻过程，重视学科教学，缺乏有效手段评价学生综合素质；测评形式单一，组织效率低，数据的收集分析也很困难。

天学网提出的学科测评解决方案，对学生综合素质和综合能力进行全方位、科学、公正、客观的评价，过程性评价与终结性评价相结合，既服务于学科，又关注学生个性发展。

d. 智能作业与考试解决方案

传统模式下，教师在展开选课走班分层教学的过程中常常会感到身心俱疲。学生的课下学习难以监管，教师批改作业负担重、效率低，数据收集与整理工作量大，难以精准掌握每位学生的学情并制定有针对性的教学方案，导致个性化学习难以开展。

天学网提出的智能作业与考试解决方案，基于人工智能与大数据技术，对教学行为与学情数据进行收集、分析和反馈，实现针对性教学和个性化学习。该方案支持多学科作业与测试，支持 PC、手机、平板多终端，可离线使用，交互体验良好。

e. 学科智能产品解决方案

天学网通过对不同学科及其专项的研究，研发了众多学科智能口碑产品，其中包括百朗英语听力风暴、百朗英语听说风暴、听力满分、词汇满分等，产品使用便捷、利用人机交互等技术，聚焦个性化教学，增强学习乐趣，为教师减负增效。

②运营模式：研发、渠道、市场、服务优势支撑，注重用户体验

天学网从研发到用户服务具有互联网基因。在持续创新的道路上，天学网一直坚持"专注、简单、极致与体验"；天学网建立了"用户参与、用户分享"的开放架构，不断优化真正适合用户需求的平台与内容；在 K12 领域，用户重视的是教学效果、学习效果，坚持效果为王。

a. 技术产品研发

教研、技术与产品研发的一体化，是公司的核心能力。公司基于自己独特的研发能力，在智能教育平台、智能技术与原创产品方面保持了领先的地位。

公司一直重视互联网教育产品的教学研究与教学法创新，建立了由专业团队与兼职名师组成的教研团队，团队中的兼职名师包括大学知名教授、教育研究单位专家、中学一线名师。教学研究与教学法创新能力是公司的核心研发优势之一，支撑了公司分层教学与个性化教育平台及原创智能教育产品的开发，保证了产品的教学效果与用户体验。

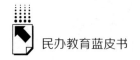
公司注重核心技术积累，在大数据、人工智能技术等方面建立了专门的团队，并同国内外具有领军地位的多所大学、研究机构和企业广泛交流和积极接触。公司投资了中国语音评测技术领域的领导者凌声芯，并与其深入紧密合作，保持了公司在智能语音评测技术领域的优势。

公司一直致力于高质量的教育教学内容的研发，并与信息技术深度融合，组建了专业的内容研发团队与互联网教育产品研发团队，为用户提供覆盖课前课中课后、在线与离线等多场景多终端的个性化教育产品与服务，支持老师的针对性教学和学生个性化学习。研发团队核心成员稳定，具有丰富的互联网教育产品开发经验。团队长期协作、配合默契，保障了产品的开发效率和使用效果。

b. 营销体系建设

公司注重直接推广能力的建设，采用以直销为主的策略，与学校、教师、学生与家长等用户保持直接紧密的联系。目前公司已经建立起覆盖全国的直销体系，向全国 20 多个省份，数百万用户提供系统、有效的教育解决方案，用户规模不断扩大。公司在部分区域采用经销方式，和区域内新华书店、出版传媒公司等机构合作，将公司的产品迅速推送给终端用户。

中小学学校因本身教学需求，师生与家长选择教育产品和服务标准较为严格，用户一旦选择并使用则产生较强的黏性。公司的服务团队为用户提供高质量的运营支持与教学服务工作，提高教育教学效率，建立公司的产品和服务口碑，促进新上线产品的复购，提高单个用户购买额。

公司的营销体系持续良性循环，销售与服务团队不断扩大，营销质量持续优化，推动经营业绩不断提高。

c. 市场品牌宣传

互联网教育企业需要深刻理解教育的本质、个性化教育的价值、用户需求和用户体验。公司通过电话、微信与 QQ、上门拜访等方式与广大师生用户及学生家长进行沟通，及时获取教学效果和使用反馈，指导产品的快速迭代和升级优化，提升用户体验，在用户中树立了良好的品牌形象。公司建立了"用户参与、用户分享、用户创造"的研发机制，一线教师与学生为公司的平台与产品的研发、优化提供了众多有价值的建议。

公司建立了自媒体营销与学术推广配合的市场推广服务体系。公司在微信公众号为广大用户提供业内新闻资讯、教育政策、新产品信息、用户教学案例与用户点评；在搜狐教育、一点资讯、今日头条、新浪微博等第三方自媒体平台进行大力宣传推动品牌建设；此外，通过天学网在线课堂、学术讲座和教研会议、定期分析报告、自媒体资讯，与广大师生用户持续沟通频繁交流。公司的自媒体营销与学术推广活动，不仅建立了品牌和口碑，也通过用户间的传播产生了品牌效应，扩大了影响力。

d. 教学服务优势

公司倡导"对用户负责"的企业文化，加大教学运营支持与服务方面的投入，将教学服务贯穿于用户使用的整个过程。公司组建了专门的教学服务团队，为用户提供产品培训、教学咨询、教学设计、用户数据分析与报告，保证了良好的用户体验和教学效果。公司的教学运营支持与服务能力进一步提升了用户使用的活跃度、

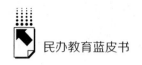

结课率、续费率和复购率，形成了良性循环。

天学网建立了教学服务团队，参与老师基于这些智能学科产品开展教学的课程设计，为师生和家长提供技术支持、数据服务、教学策略和学习策略建议等深度服务，建立以学习者为中心的教育环境，发挥智能学科产品的教学效果。

（3）发展亮点：教育产品和教学服务并重，积极参与课程服务与技术支持

项目筹划初期，天学网通过多次的市场调查发现，K12阶段的在线教育领域竞争激烈，多数的公司都把学生作为服务重点，而忽视了老师也是一个极具挖掘空间的群体。学生的学习主动性不强，如果继续忽略老师在产品和服务中角色的重要性，无疑会陷入竞争激烈的红海市场。对比来看，学校与老师在教育中有最强的话语权，且有针对学生开展分层教学、个性化教育以及减负增效的迫切需求，一旦找到合适的工具与方法，就会产生极强的认同感并持续使用。天学网把握住了这一市场现状，以学校和老师为突破口，通过提供优质的教学服务来形成差异化竞争优势。天学网组建了专门的教学服务团队，为用户提供产品培训、教学咨询、教学设计、用户数据分析与报告，保证了良好的用户体验和教学效果。

7月20日，国务院印发《新一代人工智能发展规划》，提出了面向2030年我国新一代人工智能产业的发展目标，部署构筑我国人工智能发展的先发优势，加快建设创新型国家和世界科技强国。规划中提出了人工智能和教育行业深度融合的目标——利用智能技术加快推动人才培养模式、教学方法改革，构建包含智能学习、交互式学习的新型教育体系。开展智能校园建设，推动人工智能在教

学、管理、资源建设等全流程应用。开发立体综合教学场、基于大数据智能的在线学习教育平台。开发智能教育助理，建立智能、快速、全面的教育分析系统。建立以学习者为中心的教育环境，提供精准推送的教育服务，实现日常教育和终身教育定制化。天学网在提供支持分层走班和针对性教学解决方案方面，能够提早在一年半之前开始人工智能方向的布局，并取得一系列的实践成果，无疑在这一方向上取得了先发优势。

在把握机遇、寻求发展的同时，天学网也面临着不少问题：第一，国家层面对教育信息化支持力度极大，但信息化专项资金、补贴、拨款等在落实到教学内容、数字资源、教学服务等方面的情况无法保证；第二，在广大中小学实际教学使用中，如何优化行政决策、市场业务决策，使产品以智能移动终端、电脑终端等形式，在广大中小学实际教学中得到推广应用，仍然面临很大的挑战；第三，目前天学网在人工智能技术和人才方面有一定的储备，尤其是在智能语音技术方面提早进行了资本布局，但是人工智能技术的发展日新月异，在自然语言处理、机器视觉等方面有很多的企业甚至互联网巨头都在不惜重金招募人才，如何能够确保拥有人工智能方向专业人才来支撑其业务的发展，也是一个很大的挑战。

2. 凌声芯：专注语音技术，拓展口语学习市场

（1）公司概况

凌声芯成立于2005年，团队核心成员来自清华大学和美国硅谷，公司专注于英语口语评测、语音识别等技术的研究。凌声芯是当前国内为数不多拥有语音测评核心技术的厂商之一，先后承担工信部、科技部等相关项目，并深入教育部大学英语四六级机考口语

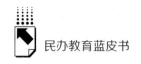

机器评测、数字出版技术授权、互联网教育技术授权等领域，新东方、凤凰传媒等知名企业均为其合作伙伴。凌声芯还是北京市认定的高新技术企业、"双软"企业、中关村高新技术企业，曾获北京市科学技术奖、中国电子学会电子信息科学技术奖。

凌声芯公司旗下的思昂教育（VoiceOn）专注于语言教育信息化领域的创新与研发，语音评测技术已经成熟并应用于标准化考试机构、基础教育英语教学、语言培训机构在线教育、数字出版、对外汉语教学等领域。自 2013 年以来，该平台已在北京（海淀区、西城区）、天津、重庆、山东、江苏、安徽等地应用，用户规模近 80 万人。

（2）公司核心技术及技术应用案例

英语口语自动评测技术（Automatic Spoken English Certification，ASEC）是行业领先的语音分析和处理技术，可带来交互式的语言学习模式变革。ASEC 技术可以听懂人的语音，进行音素和语调的分析并利用内置的专家系统给出学习建议。ASEC 技术可以被集成到各种语言学习产品中，模拟教育专家的教学过程，给学生带来交互式的学习体验。

①大规模口语考试

凌声芯旗下品牌思昂教育是教育部 CET 口语考试唯一技术提供方，其英语口语自动评测技术是行业领先的语音分析和处理技术，已通过数十万人的测试，被教育部认定为大学英语四六级考试（College English Test，CET）口语机考评测的唯一标准。目前，ASEC 已经过数百万人次使用，为中国测试自动化、解决大规模考试问题、解决主观评测的问题做出了重大贡献。思昂教育的主要实施方案是提供"标准英语测评引擎",符合国家教育部口语等级考试标准及后期离线批量打分。目前已有超过百万大学生使用该口语机考系统。

②英语网络课程

凌声芯旗下品牌思昂教育为新东方口试类网络课程学习方案。思昂教育的人机交互技术在互联网上为学生提供语言学习中关键的语言环境和模拟辅导老师。与传统远程教育不同,思昂技术提供双向智能学习,为学生及时找出学习中的问题,并推荐改进方法,然后再进行评估,直到学生真正掌握知识点。尤其在口语学习中,网络上的模拟老师为学生提供了随时随地的服务,从根本上改变了课外学习缺乏语言环境和老师指导的问题。思昂教育为众多以新东方在线、安博教育为代表的英语培训学校提供网上口语学习的有效解决方案:提供"标准英语测评引擎",即时语音打分;标记低分单词,重点练习;支持录音回放,比对学习。目前已有超过200万名付费用户使用类似口语在线练习。

(3)技术提供商类型的在线教育机构发展动向

①关注价格因素对市场的影响。一般技术供应商的成本高,价格昂贵,因而优质的在线教育技术不易普及,其使用对象往往是政府部门或者大型教育企业,这就将一大批准客户拒之门外。

②注重个性化需求。一般情况下,技术服务提供商会根据网校和专业课程等主流在线教育产品的需求进行研发,形成平台模板,当教育机构和个人教师开设课程时,只要选择一定的模板即可形成固定页面和格式。这虽然大大减少了课程研发的步骤,但却也限制了课程形式的多样化。

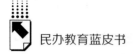

③注重数据累积。对于教育机构和个人教师而言，学生学习效果、学习反馈、学生个人信息等在线教育过程中产生的数据沉淀毫无疑问是非常重要的，特别是大数据技术和云计算技术日益发达的今天，用户数据可以被称为互联网服务的原点。当学生学习的所有过程都在外包系统、平台和产品上进行时，学生学习数据和信息的沉淀就成了一个敏感的问题。这些数据和信息势必成为教育平台和产品的一部分，继续服务于教师教学和学生学习，而教育机构和个人教师也必须掌握自己学生的信息和数据。这势必带来数据调取权限、信息安全、数据使用权归谁等问题。

④注意品牌建设及市场应变的灵活性。技术供应商往往是给"他人作嫁衣"，是其他在线教育机构的幕后支持，成就的是前台品牌。如何推广自身品牌，以及根据市场的变化，创造新的盈利模式，是技术供应商必须面对的问题。

⑤关注产品质量和后期服务。在线教育的技术供应商是新鲜事物，其产品质量的稳定性、灵活性还有待市场验证。售后服务的责任也难以界定和追究。若真的产生问题，发生纠纷，受损的将会是教育机构和个人教师的信誉、课程进展以及学生利益，这也可能成为技术供应商市场扩大的一个阻碍因素。

（五）在线教育的发展瓶颈

第一，宣传力度需加大。一是在客户群的扩大上，在线教育主要的客户群为年轻群体，很多老年人和老教师并未习惯通过电脑进行组卷。二是在宣传力度上，宣传重点主要集中在网络，而主流媒体上未见其身影，相关宣传很少见诸报端。

第二，观念需突破。针对线上教育需要登录网络的特点，很多家长对学生上网有抵触情绪，担忧学生染上网瘾。在保证听课效果的同时，应减少网络对学习者的干扰，对学习者上网时长做到有效监督。同时，还需要思考如何做到避免学生利用在线教育的时间接触黄色网站、暴力网站等不良信息。

第三，安全需保障。对于教育机构和个人教师而言，学生学习效果、学习反馈、学生个人信息等在线教育过程中产生的数据沉淀毫无疑问是非常重要的，这势必带来数据调取权限、信息安全、数据使用权归谁等问题。信息安全如何保障，是今后在线教育机构亟须解决的问题。

第四，使用便利需加强。在线教育，特别是面向学生群体的自主网上学习平台，很多都只能在电脑上进行，给使用者带来很多不便。实现 PC 到移动客户端的转变，方便使用的功能将带来更多的受众。

第五，个性化辅导需引入。很多题库只是提供组卷和练习功能，而传统意义上的学习过程包括了听课、互动（融入情感的表达）、练习测试、过程性评价等环节。不同于传统教育培训机构的人对人模式，人机互动的方式很多未关注到学习者的心理和学习态度，不能及时反馈学习者的心理变化，针对学习者的不同提供符合其特点的个性化辅导。

B.5

国外私立培训教育的
政策、实践与启示

罗　媛[*]

摘　要：　澳大利亚、日本、印度、美国等国家重视出台支持和
　　　　　规范私立培训教育发展的法律政策，满足个性化教育
　　　　　需求；政府对私立教育进行严格监管，同时拓宽私立
　　　　　培训教育的经费来源渠道；私立培训机构注重满足特
　　　　　色化、个性化的市场需求，重视课程的特色和实用性；
　　　　　重视第三方机构对教育质量的监督与评估，探索建立
　　　　　私立培训教育质量保障机制。国外在私立培训教育方
　　　　　面的发展经验，值得我国学习借鉴。

关键词：　私立培训教育　政府监管　第三方评估　质量保障机制

　　私立培训教育在各国的发展情况不尽相同，管理模式和方法也
有差别，本文通过介绍部分国家各级各类私立培训教育的政策和实
践案例，为我国民办培训教育的发展提供借鉴和启示。

---

　　* 罗媛，女，中国教育科学研究院教育发展与改革研究所助理研究员。

一 澳大利亚私立早期教育培训的政策与实践

（一）澳大利亚私立早期教育培训政策

澳大利亚是在私立早期教育方面公共投入力度较大的国家之一。目前，澳大利亚存在三类早期教育机构：非营利性的社区保育中心、私人开办的小规模营利性幼儿园和连锁经营的早期教育集团。

自 1990 年开始，在新自由主义理念指导下，澳大利亚政府改变了以前仅资助基本早教需求的政策，将财政资助的对象扩展到营利性学前教育机构。此前，根据 1972 年《儿童保育法案》（*Child Care Act*），联邦政府仅资助公立幼教机构和非营利性私立保育机构，该资助与政府所规定的每个保育中心必须拥有合格教师的数量相挂钩。这一重大决策带来了澳大利亚《儿童保育法案》中"政府经费只能资助非营利性部门"这一规定的修订①。澳大利亚联邦政府还相继出台了一系列法案，如《儿童照顾协助方案》（*Childcare Assistance*，CA）、《儿童照顾先垫后付方案》（*Child Rebate*）、《幼儿保育补助方案》（*Child Care Benefit*，CCB）、《幼儿保育税收减免措施》（*Child Care Tax Rebate*，CCTR）等，其基本倾向是改变财政投入方式，从直接"投机构"——新建、运作公立

---

① Elizabeth Adamson & Deborah Brennan, 2014, Social Investment or Private Profit: Diverging Notions of "Investment" in Early Childhood Education and Care, IJEC. (46): 47–61.

幼儿教育机构或补助非公立机构，逐步转变为"投家庭"——以补助家长为主。随着早期教育体制市场导向的强化，1997年，政府取消了对社区保育中心和非营利性保育中心的运营资助，并且停止了对建设新社区保育中心的资助，表明私营领域能够为幼儿提供更好的服务。自此，公共资金直接向保育机构提供的补助大量减少，甚至基本取消①。

联邦政府通过幼儿保育补助（Child Care Benefit，CCB）和幼儿保育退税（Child Care Rebate，CCR）这两项补贴支持早期教育的私人投入和营利性私立早期教育。CCB自2000年开始实施，是一项收入限定性补助，主要帮助中低收入家庭负担早教费用，在获得政府批准的早教机构获取早教服务能够直接享有费用优惠。这一体制能够使早教机构获取收益，因为他们能够从政府那里获得稳定的、有保障的现金流，从而避免坏账。家长需要自行承担托儿福利与实际支出之间的差价，由于政府对学费没有任何限制，这意味着差价可能会很高。在悉尼和墨尔本，每周的费用大概是500澳币，而幼儿保育补助金大概为195澳币。但是除了幼儿保育补助之外，家长还可以享有早教支出的50%的幼儿保育退税。由于早教上涨费用中的大部分将受到政府的补贴，因此早教费用上涨的速度大大快于通货膨胀的速度。因而，幼儿保育补助和幼儿保育退税为大型早教机构创造了大量盈利②。

---

① 刘颖、冯晓霞：《澳大利亚幼儿保育政策的演变及启示》，《学前教育研究》2012年第8期，第11~18页。

② Elizabeth Adamson & Deborah Brennan, 2014, Social Investment or Private Profit: Diverging Notions of "Investment" in Early Childhood Education and Care, *IJEC*, (46): 47-61.

该政策实施以后，澳大利亚早期教育机构的数量及早期教育学位数量确实有较大增长。早期教育中最常使用的全天日托中心的学位从 1991 年的 36700 个增长到 2004 年的 164343 个。同时，澳大利亚早期教育体系出现了结构性改变，营利性的私立机构取代非营利性机构，占据了主导地位。1991～1996 年，营利性的托幼机构所能提供的学位从 36700 个增加到了 122462 个，增加了 233.7%。相反，社区建立的非营利性的早期教育机构在同一阶段则停滞不前，只增长了 15%。2004～2005 年，早期教育服务体系当中有 71% 的服务是由营利性的早期教育机构提供的，仅有 26% 的服务由社区非营利性机构提供，3% 由政府提供①。

（二）ABC 教育集团的实践案例

1. ABC 教育集团的建立与发展历程

ABC 教育集团于 1988 年在布里斯班郊区建立，随着昆士兰州东南部的城市化建设而不断发展，1997 年成为澳大利亚最大的学前教育机构，拥有 18 所保育中心。ABC 教育集团是 2001～2002 年首批在澳大利亚证券交易所上市的学前教育机构之一。ABC 教育集团后来收购了其他几家上市公司，到 2008 年倒闭之前，已开设了 1037 个儿童保育中心，市场占有率达到 20%，有超过 10 万名幼儿在该早教中心就读，聘用了 16000 名教职工②。图 1 体现了 ABC

---

① 刘颖、冯晓霞：《澳大利亚幼儿保育政策的演变及启示》，《学前教育研究》2012 年第 8 期，第 11～18 页。

② Parliament of Australia, Inquiry into provision of childcare, http://www. aph. gov. au/binaries/senate/committee/eet_ ctte/child_ care/report/c02. pdf, 2015 年 10 月 3 日。

教育集团保育中心数量变化，2001～2008年，该集团保育中心的数量逐年迅速增加，平均每年的增长率达到63.83%。2001年仅开设了43所保育中心，2007年该集团保育中心数量达到顶峰，为1084所。其中，2004～2005年，该公司旗下保育中心的增长一度接近100%。

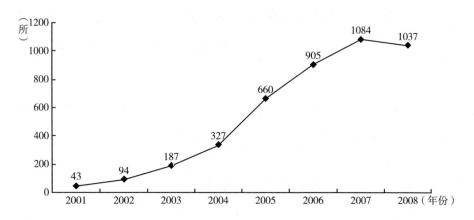

图1　ABC教育集团开办幼儿保育中心数（2001～2008年）[①]

2001年，ABC教育集团成为澳大利亚首家上市的早教集团。随后几年，许多公司也积极效仿，不仅带来了营利性早教机构迅速扩张和非营利性机构的减少，而且上市的早教机构也越来越多。通过上市，这些公司能够获得巨额资金，使它们相较于非营利性机构得以更为迅速扩张。2001年，ABC教育集团刚上市时的市值为2澳币，截至10月4日升值为13.94澳币。2001～2002财年，ABC教育集团的净利润增长了115.5%，达到860澳币，总收入增长了

---

① Office of Early Childhood Education & Child Care, State of Childcare in Australia, http：//www.mychild.gov.au/sites/default/files/documents/04－2015/state＿of＿child＿care＿in＿australia.pdf，2015年10月4日。

81%，达 2380 万澳币。该集团在 2004～2005 财年的收入增长最快，较上年增长了 257%[①]。这一迅速增长的主要原因是该年收购了其他公司后，ABC 教育集团的保育中心数翻倍增长，从 327 所增加到 660 所[②]。

2. 垄断发展导致 ABC 教育集团的破产

ABC 教育集团采取的是迅速扩张的战略，在短短几年间就合并了大多数竞争对手，接手了几百家私营早教中心，成为澳大利亚全天日托机构中的领军者和世界上最大的上市早期教育公司。除了提供早期教育服务外，该集团同时拥有培训早期教育师资的国家早期教育学院。

尽管 ABC 教育集团在股市中的表现节节攀升，但是这种垄断性增长和扩张的模式却是不可持续的，最终导致该集团的破产，被一家非营利性机构接管。2001 年，ABC 教育集团在澳大利亚证券交易所上市，该集团通过价格大战，挤占其他早教机构的生存空间，试图取代社区的、非营利性组织的机构，收购私人开办的早期教育机构。在该集团发展高峰期，很多早教中心获得 ABC 教育集团的高价收购，一些公司甚至将中等规模的早教机构卖给 ABC 教育集团后再购买新早教机构并再将它们转卖给 ABC 集团。这使得很多人加入早教行业，大量早教中心得到建立，而市场并没有这么多需求，创办者的目的就是建立高大明亮的早教

①　Parliament of Australia, Inquiry into provision of childcare, http：//www. aph. gov. au/binaries/senate/committee/eet_ ctte/child_ care/report/c02. pdf, 2015 年 10 月 3 日。

②　Parliament of Australia, Inquiry into provision of childcare, http：//www. aph. gov. au/binaries/senate/committee/eet_ ctte/child_ care/report/c02. pdf, 2015 年 10 月 3 日。

中心来吸引家长进入到高端市场中来。早教机构失控扩张使经营者开始担忧市场过于饱和。在市场占有率达到高峰期时，ABC 教育集团的市场占有率甚至达到了 30%，而在昆士兰州和维多利亚州，该集团的市场占有率甚至达到 50%，事实上，这些地区的家长除了 ABC 教育集团的早教机构外并没有太多选择①。当 ABC 教育集团在澳大利亚早教市场中的占有率达到 20%～25% 时，英国最大的 40 家早教集团的市场占有率仅为 40%，而美国所有营利性连锁早教中心合计的市场占有率仅为13%②。可见，ABC 教育集团已经系统性地垄断了澳大利亚的学前教育市场。该集团发现其在澳大利亚的垄断地位已经使它无法再继续扩张时，开始寻求海外的投资机会，最终成为世界上最大的上市早教集团，并在美国、英国、新西兰、菲律宾和印度尼西亚等国家和地区开展早教业务。

但是，表面的繁荣背后也隐藏着巨额的债务危机。2008 年，ABC 教育集团面临财务困境，有几项指标令人担忧：该公司的无形资产占 71%～81%，包括经营许可证的估值。随着该公司股价的下跌，四分之一的早教中心损失巨大，这招致了 2007 年 12 月 3 日两家最大的会计公司针对 ABC 集团账户的审计，并试图针对该公司采取法律行动，而 ABC 集团的两位创办人于 2008 年

---

① Parliament of Australia, Inquiry into provision of childcare, http：//www. aph. gov. au/binaries/senate/committee/eet_ ctte/child_ care/report/c02. pdf, 2015 年 10 月 3 日。

② Parliament of Australia, Inquiry into provision of childcare, http：//www. aph. gov. au/binaries/senate/committee/eet_ ctte/child_ care/report/c02. pdf, 2015 年 10 月 3 日。

9 月离职①。由于扩张的速度过快，公司的资金链出现断裂，2008 年 ABC 教育集团进入自愿管理破产程序，给澳大利亚诸多社区带来严重的社会和经济混乱，造成幼儿和教职工的利益无法得到保障。澳大利亚政府不得不拨款维持托幼中心的运行，并四处寻找托幼中心的接收者。由于公众对 ABC 教育集团的倒闭非常愤怒，最终政府选择了非营利性组织作为接收者②。55 所保育中心迅速关闭，政府花费了 2400 万澳元保障了剩余的保育中心在接受生存力评估期间的运营，2009 年，一个由四家最大的慈善机构组成的联合组织与澳大利亚社会创业公司共同合作接手了 ABC 教育集团此前的 650 家保育中心，成立了一家名叫"好起点"（GoodStart）的非营利性组织，该组织承诺将剩余所得全部重新投入到改善服务质量之中。在"好起点"接手之后，非营利性早教机构在早教服务体系中所占的份额由 22% 上升到了 34%③。

3. 垄断带来早教学费上涨和质量下降

早在 ABC 教育集团倒闭之前，就有学者从多方面表达了对早期教育集团化的忧虑。有的观点认为，营利性公司来经营学前教育是"不正常的"，因为学前教育和其他学校教育一样是公共产品。学校不应上市，因为它们接受政府的资助，属于非营

---

① Parliament of Australia, Inquiry into provision of childcare, http：//www. aph. gov. au/binaries/senate/committee/eet_ ctte/child_ care/report/c02. pdf, 2015 年 10 月 3 日。

② 刘颖、冯晓霞：《澳大利亚幼儿保育政策的演变及启示》，《学前教育研究》2012 年第 8 期，第 11 ~ 18 页。

③ Elizabeth Adamson & Deborah Brennan, 2014, Social Investment or Private Profit：Diverging Notions of "Investment" in Early Childhood Education and Care, *IJEC*, (46)：47 – 61.

利性机构，应在政府支持下保障教师质量和校舍建设。有的观点认为，不应当通过融资使利润从保育中心流到股东的口袋之中①。还有的观点认为，早教集团利益最大化的追求会自然而然地侵害幼儿保育的质量。这种集团肯定会通过削减工作时间、雇用低资质的教师、减少更新设备和活动材料等方式来降低成本，提高经济效益。早教集团可能会以其强大的经济实力和垄断地位向政府施加压力，降低机构的认证标准，阻碍适宜标准的实施②。然而，从实际情况来考虑，尽管 ABC 教育集团的运营带来不良后果，但这并没有使公众完全否认营利性公司参与学前教育领域的行为③。

在政府对家长直接补助，由家长自由选择获得政府认可的非营利性或营利性早教机构以后，澳大利亚早期教育的收费迅速增长。以全天日托中心的收费为例，从 1991 年到 1999 年，家长自行负担的部分平均每年提高 6.5%，涨幅高达 59%。从 2002 年到 2007 年，早期教育价格上涨，连续 5 年增长率超过了 10%，涨幅高达 88%。当价格上涨到了家长难以承受的地步时，让家长能够负担得起幼儿托育费用就成为一个政治问题，并且成为竞选的重要议题。联邦政府先后于 2004 年和 2008 年加大了对早期教育的支持力度。一方面是政府不断加大对早期

---

① Parliament of Australia，Inquiry into provision of childcare，http：//www. aph. gov. au/binaries/senate/committee/eet_ ctte/child_ care/report/c02. pdf，2015 年 10 月 3 日。

② 刘颖、冯晓霞：《澳大利亚幼儿保育政策的演变及启示》，《学前教育研究》2012 年第 8 期，第 11 ~18 页。

③ Parliament of Australia，Inquiry into provision of childcare，http：//www. aph. gov. au/binaries/senate/committee/eet_ ctte/child_ care/report/c02. pdf，2015 年 10 月 3 日。

教育需求方的直接补助，另一方面早期教育的价格仍在继续上涨，形成了一种恶性循环。这种现象产生的根源在于，早期教育的提供者想要从不断增长的面向需求方的补助中获益。不断增加的公共财政投入最大的受益方似乎不是儿童而是营利性机构，特别是大型的早期教育集团。公共财政成为澳大利亚早期教育集团的重要利益来源，ABC 教育集团就是澳大利亚证券交易市场当中回报率最好的上市公司之一。2006 年，ABC 教育集团的总裁成为澳大利亚《商业每周评论》提名的 40 岁以下最富有的个人，他的个人资产估计在 2.6 亿美元。这笔巨大的经济收入其实主要是由政府的公共财政支撑的，政府对早期教育的补助占到了 ABC 教育集团收入的 50%。ABC 教育集团每年从澳大利亚政府的幼儿保育资助（CCB）当中获得的补贴达 8850 万美元[①]。

另外，连锁早教集团的保育质量令人担忧。2005 年，澳大利亚对全天日托中心的教职工进行了一次全国性调查，发现在教职工看来，澳大利亚的早期教育质量整体很高，然而，无论是在师幼关系，还是在课程等方面，社区保育中心提供的质量最高，私人保育中心的质量与社区保育中心相差无几，而连锁早教集团的保育质量最差。研究者还发现这些营利性机构倾向于符合低标准的机构要求，比如 ABC 教育集团就主要集中在昆士兰州和维多利亚州这些对机构要求较低的地方。在新威尔士申请临时性认证（降低师资

---

① Elizabeth Adamson & Deborah Brennan, 2014, Social Investment or Private Profit: Diverging Notions of "Investment" in Early Childhood Education and Care, *IJEC*, (46).

要求）的机构当中，有79.4%的机构是营利性的托幼机构①。营利性公司在早期教育领域中可获得的利益之一就是房产和建筑。新的营利性早教中心需要建立在商业中心，寻求最好的地段。对于一些企业所有者来说，通过经营早教中心获取房产和租金收入是对早期教育进行投资的一个目的。一些小的早期教育机构在大公司的扩张中逐渐处于弱势地位而逐步被大公司所收购。ABC 教育集团的掠夺天性还表现在教职工的质量欠佳，为了追逐利润而牺牲教职工的质量。早期教育本身的性质决定了它无法为公司带来高额的经济回报，除非是牺牲教育质量，这导致 ABC 教育集团的专业性和声誉日益受损②。

4. 政府推行新举措保障早期教育质量

ABC 教育集团破产后，联邦政府对早期教育政策进行反思，针对集团化早教机构质量不高的问题出台了一系列政策举措。政府规定，早期教育办学者必须获得办学许可证，并且在保育质量上通过国家认证体系的认证才能运营。幼儿只有进入受到认证的保育中心，家长才能够获得 CCB 的资助。几乎所有的全天日托中心都通过了国家认证。2009 年政府颁布了《全国早期教育发展战略——投资儿童早期》（*National Early Childhood Development Strategy—Investing in the Early Years*）。该战略覆盖 0 ~ 8 岁儿童，旨在提高儿童和家庭

---

① 刘颖、冯晓霞：《澳大利亚幼儿保育政策的演变及启示》，《学前教育研究》2012 年第 8 期，第 11 ~ 18 页。

② Parliament of Australia, Inquiry into provision of childcare, http：//www. aph. gov. au/binaries/senate/committee/eet_ ctte/child_ care/report/c02. pdf, 2015 年 10 月 3 日。

所享有的教育结果，包括改善不同群体儿童的教育不公平问题。①
同年澳大利亚还建立了全国质量框架（National Quality Framework）
来解决大众所关心的全天日托机构和家庭保育中心的质量问题，该
框架为全国所有州和领地的早期教育机构制定了一个更为完善和持
续的管理框架，针对全天日托和学前教育服务机构规定了师幼比例
以及教师资质要求，不论是非营利性的社区保育中心、私人营利性
早教机构还是公立早教机构，都必须遵守。2011 年联邦政府出台
了《全国早期教育合作协议》（*National Partnership Agreement on
Early Childhood Education*），通过联邦政府、州和领地之间的共同
合作保障每一名儿童在上小学之前都能够获得每周 15 个小时由大
学学历资格的教师所教授的早期教育课程。该目标的落实取决于各
地服务提供的充足性，至今在一些州还未落实到位。随后，联邦政
府又出台了《全国原住民改革协议》（*National Indigenous Reform
Agreement*）保障所有偏远地区的 4 岁原住民儿童到 2013 年能够享
有早期教育②。

二 日本课外辅导教育的政策与实践

（一）日本课外辅导教育的政策

在日本，教育分为学校教育、家庭教育和社会教育三种形

---

① Elizabeth Adamson & Deborah Brennan, 2014, Social Investment or Private Profit: Diverging Notions of "Investment" in Early Childhood Education and Care, *IJEC*, (46): 47 – 61.
② Elizabeth Adamson & Deborah Brennan, 2014, Social Investment or Private Profit: Diverging Notions of "Investment" in Early Childhood Education and Care, *IJEC*, (46): 47 – 61.

式。1949 年 6 月，日本颁布了《社会教育法》，该法规定 "社会教育" 是在学校教育课程之外所举行的主要针对青少年和成年人的有组织的教育活动。该定义把青少年儿童的校外教育明确归属于社会教育，这使日本的校外教育发展首先获得了法律保障，从法律上确认校外教育在整个教育体系中与学校教育处于并列发展的地位，使校外教育走上了法制管理的轨道。除了各种正规的社会教育机构之外，日本还存在大量开展校外教育的民间机构，有为数众多的名为 "学习塾" 的校外补习学校。它们主要以升学指导、补充学校教育以及培养青少年的兴趣和能力为目的①。

日本的学习塾被确定为教育服务产业，由经济产业省管理；文部科学省监督和调研；行业组织——全国学习塾协会协调具体事务。文部科学省依法对学习塾进行管理，文部科学省或委托受权机构定期对学习塾进行调查，掌握学生参加学习塾的状况，并及时给予指导建议。日本的学习塾属于营利性企业，因此受到《特定商交易法》《个人情报保护法》等相关经济法律法规的约束。公司型学习塾作为企业法人需要缴纳法人税、事业税、所得税和消费税等各项税款。学习塾中的个体经营塾被称为 "个人事业主"，需要在开业一个月之内，到所在地的政府及税务署窗口领取表格并真实填写，然后登记备案。"个人事业主" 开始营业后，每年需要到税务署进行一次营业收入的 "确

---

① 王晓燕：《日本校外教育发展的政策与实践》，《国家教育行政学院学报》2009 年第 1 期，第 90 ~ 95 页。

定申告"，缴纳相应的税款，包括所得税、住民税以及消费税和事业税。① 全国学习塾协会是受经济产业省委托的法人组织，专门负责全国学习塾的管理，具体工作包括：制定行业的事业活动基准；评价学习塾的经营活动；对学习塾讲师进行培训和能力认证等。日本学习塾协会会在网站上公布相关教育标准以及关于学生安全、数据保护和商业行为的指南。政府各部门也与全国学习塾协会进行合作，例如，经济、贸易和产业部邀请商业团体一同合作进行研究开发，资助日本学习塾协会开展校外培训的质量评估。全国学习塾协会还举办聘用新补习教师的资格考试，不仅考察教师的专业知识，还了解他们的道德品质和实用技能。对补习教师的这一考察并非是强制性的，但是这推动了补习教师质量的提高。因而该协会实际成为学习塾产业的考试委员会，首次面向补习教师候选人的全国性的考试在2008年举行②。

（二）日本学习塾实践案例

1. 学习塾的分类和特征

虽然补习学校都被称为学习塾，但是根据各塾的招生对象可将日本的学习塾分为四类，分别是进学塾、补习塾、救济塾和个别辅导。

---

① 方晓东、李水山、李协京、李新翠：《日本、韩国与中国台湾家教市场的研究报告》，《纪念〈教育史研究〉创刊二十周年论文集》，2009，第1587～1593页。

② Steve R. Entrich, Germanand Japanese education in the shadow – do out – of – school lessons really contribute to class reproduction? http://iafor. org/archives/journals/education/journal – of – education – v2 – i2 – contents/german – and – japanese – entrich. pdf, 2015年10月5日。

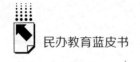

（1）进学塾

"进学塾"以升学为目的，因此面向入学考试是他们的立足点。"进学塾"竞争氛围较为浓厚，往往面向优等生，对他们进行严格繁重的实战训练，帮助学生考入一流的中学或者大学。"进学塾"不用公立学校的教科书，而采用自编教材。学生需要通过入学考试或测验才能进入"进学塾"。"进学塾"生源充足，一般超过200名学生，有的达到数千人甚至数万人。

（2）补习塾

"补习塾"的课程目标是面向中等生提高他们的成绩和考试水平，学习安排根据中小学校的进度，通常与学校同步，进行期中与期末考试前的辅导，由于不直接以升学为目的，其氛围较为宽松。"补习塾"通常采用自编教材、商业教材或学校教材。"补习塾"生源较少，一般少于200人。

（3）救济塾

"救济塾"以学习成绩较为落后的公立学校学生为对象，对他们的学习提供支持，目的是帮助学生获取基础知识。"救济塾"与学校的关系不紧密，教材的来源也比较多样。"救济塾"的规模较小，大多是100名塾生以下，并且多由个人经营。

（4）个别辅导

与走大型化的补习学校不一样，另一种一对一补习形式也在日本悄悄兴起，老师们根据学生作业中反映的问题个别指导。这样的教师只针对问题教学，而不是教授内容，主要培养学生的基础技能。个别辅导可以面向所有水平的学生，采用自编教材。这种"个别辅导"班通常能招收数千名学生。

表1 日本学习塾的类别

类别	进学塾	补习塾	救济塾	个别辅导
氛围	竞争性/激励性	放松的/支持性	培育性/支持性	放松的（通常在家学习）
课程目标	入学考试	提高成绩和考试水平	基础知识	基础技能
与学校的关系	无	学习安排根据学校进度，通常与学校关系紧密	非常少或无	无
学生	优等生	中等生	差等生	所有水平的学生
教材	自编教材	自编教材、商业教材或学校教材	自编教材、商业教材或学校教材	自编教材
规模	>200名学生	<200名学生	<100名学生	数千名学生
入学	入学考试或测验	仅有身体条件限制	仅有身体条件限制	无限制

资料来源：Marie Hoijund Rosegaard, Japanese education and cram school business: functions, challenges and perspectives of the Juku, Copenhagen: NIAS Press, 2016。

2. 学习塾具有强大的市场需求

日本的学习塾市场在过去十年间发展一直保持稳定。2013 年，日本有49.7%的小学生和60%的初中生上学习塾接受课外辅导，日本的学习塾市场大概达到936 亿日元[1]。

日本约有5 万所学习塾，属于营利性企业。日本的家长每月花费6000～100000 日元送孩子上学习塾[2]。学习塾是学校教育的一种

---

[1] Kim Mawer, 2015, Casting new light on shadow education _ snapshots of juku variety, *Contemporary Japan*, 27（2）：131－148.

[2] Melodie Cook, 2013, Expatriate parents and supplementary education in Japan_ survival strategy or acculturation strategy, *Asia Pacific Educ*, Rev. 14：403－417

补充，有的学习塾教育甚至优于公立学校教育，对提高中小学生的学习成绩、发展其兴趣和能力起到了难以估量的作用①。从2008年的一项调查来看，家长认为以下原因导致学习塾重要性日益增加：①对学校教育内容不充足的担心（67%）；②日本社会对于学术背景的日益重视（60%）；③生育率降低的背景下对孩子教育投资的增加（39%）；④私立教育产业的日益多样化（15%）；⑤家长教育背景的提高（13%）②。

学习塾在帮助学生形成学习习惯和提高学习兴趣的同时，对于提高学生的学业水平与考试成绩也具有正面影响，可能也有助于日本的PISA成绩水平。但是也可能存在以下负面影响：①产生和加剧教育不平等现象，因为低收入水平的家庭无法负担高额的成本；②学习塾占据了学生的课外生活，限制了学生的课外活动，因而有损学生的全面发展；③学习塾给家长带来较重的经济负担，每名学生平均每年花费3150美元，占人均收入的11%③；④学习塾可能会打乱课堂教学顺序和加大学生之间的差距，从而对课堂学习产生影响。

在家长看来，学习塾有助于帮助孩子在考试中取得好成绩从而考上好大学，同时还能够提供学校所不能提供的其他服务。据调查，在小学阶段，学生参加课外辅导的主要目的是预习和复习学校

---

① 王晓燕：《日本校外教育发展的政策与实践》，《国家教育行政学院学报》2009年第1期，第90~95页。

② Jones, R. S, 2011, Education Reform in Japan, OECD Economics Department Working Papers, No. 888, OECD Publishing：17.

③ Jones, R. S, 2011, Education Reform in Japan, OECD Economics Department Working Papers, No. 888.

功课（39%）和准备入学考试（23%），还有11%的学生是为了赶上功课。在中学阶段，参加课外辅导更加关注于学校功课（50%）和准备入学考试（43%）。对于小学生而言，参加课外辅导的主要科目是数学（76%）、日语（62%）和英语（35%）。而对于中学生而言，英语（88%）成为主要的辅导科目，之后分别是数学（86%）、日语（49%）、科学（43%）和社会科学（40%）[1]

家长送孩子参加学习塾的潜在原因是对学校的不满。62%的中学家长认为"学校课程无法充分地帮助孩子为入学考试做准备"，14%的家长认为"单单提供学校课程还不够"，还有33%的家长认为学习塾能够帮助孩子实现理想。也有的家长表示送孩子上学习塾是因为他们无法自学（33%）或在家学习（32%）[2]。

近一半的学生表示他们喜欢上学习塾，除了社会因素外，学生反映最重要的原因就是学习塾的老师授课更易懂，并且能够学习到学校不教的内容。这似乎体现出学习塾确实有其相较于学校更为成功的地方。

3. 河合塾的办学实践案例

日本名古屋的河合塾（Kawaijuku）是日本首屈一指的大学升学补习学校，自1933年创办至今已有82年的历史。河合塾自1933年开办，到20世纪70年代开始扩大经营，开办分塾，增设学科辅导以及生涯指导方面的课程。

---

① Jones, R. S, 2011, Education Reform in Japan, OECD Economics Department Working Papers, No. 888, OECD Publishing: 15.

② Jones, R. S, 2011, Education Reform in Japan, OECD Economics Department Working Papers, No. 888, OECD Publishing: 15.

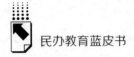

河合塾以培养未来独立思想者、孜孜不倦学习者为使命，开设了从学龄前儿童到成人的课程，同时还有向高中、大学乃至公司等社会团体提供服务的项目。学生可以根据自己的需要选择课程，教师在教学方法上也较灵活，主要是根据孩子的特点去寻找适合他的学习方式和方法。如在学前阶段的课程中教师较重视给学生足够的时间思考，用自己的方式寻找答案，通过集体讨论的方式拓展孩子的思维。在课程方面，学前至小学阶段的课程比较重视培养学生的独立思考能力和学习能力，包括公立学校课程、课程艺术、语言、幼小衔接课程等；初中至高中阶段的课程以培养学生的批判性思维和问题解决能力为核心，包括小升初、初升高等应试准备、职业教育、语言课程、留学准备等。

（1）河合塾学园

河合塾学园自1976年"名古屋外国语专门学校"作为爱知县内首家专门学校得到认可以来，连续30年致力于社会所需的"创造力·企划力·判断力兼备的专家"的培养。作为由日本首屈一指的大学升学补习学校"河合塾"经营的专门学校，其各种资格考试对策授课的质量，得到了与补习学校同样的极高评价。现在有5所专门学校正着力培养各个领域的专家，以此奉献于社会。学校志在栽培每一位学生在各自的领域茁壮成长，使其掌握强大的生存能力。

（2）河合塾日本语学校

日本语学科属于TRIDENT外国语·饭店·婚礼专门学校。TRIDENT的名称代表的是文化、国际、交流三大理念融为一体。日本语学科开设于1986年，日语教师培训班也开设于1987年，从事日语教育已有二十多年的历史。至今为止，日语学科送出了2500名左右的毕业生在世界各地发挥专长。河合塾日本语学校遵照学校教育法设立。为满足社会的要求，学校提供学生启蒙自己的场所，培养学生的外语能力，同时教育学生掌握实际知识，使学生用国际的观点判断事物，成为二十一世纪的人才。

师资。学校的讲师必须符合财团法人日本语振兴协会的基准。每一位均须持有必要的教学知识与技术，而且教学经验丰富，可以帮助学生达到学习目标。

选修科目。学生可以选修日语之外升大学时需要的科目（数学、综合科目、物理、化学、论文、面试练习等）。另外，学生除了可以选择"实践日本文化""商业日语""从卡通、漫画上看日本""武术体验"等可以学习日本文化的选修科目以外，还可以依照个人兴趣和目的选择附设于专门学校的"甜点师入门""色彩搭配"等科目。

奖学金制度。除了TRIDENT独自的奖学金制度（学习奖励金、全勤奖）之外，学生还可领日本政府的奖学金。

学校行事。学校实施校外学习、盂兰盆舞蹈、书法大会等各种活动，为学生体验并了解日本文化提供机会。

和日本人交流。日本学生也在同一校舍内学习，所以学生有很多与日本人接触的机会。此外，学生还可以通过学校举办的交流活动与日本学生增加和睦关系。

生活指导。各个班级有一位班导师，也有会说普通话、韩语、英语的生活辅导员。学生不能用日语表达自己的意思或在日常生活、学习中遇到困难时，班导师和生活辅导员会一起帮助他。

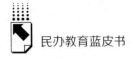

升学指导。校内备有丰富的大学、大学院、专门学校等升学资料。还有常驻的升学辅导老师实施个别会谈及定期举行升学说明指导会。

推荐入学制度。学校与日本关东地区、中部地区、关西地区有名的 13 所私立大学建立教育合作关系，所以本校的学生可以被推荐入学（主要以在留资格的"留学生"为对象）。

三　印度私立职业教育培训的政策与实践

（一）印度私立职业教育培训政策

印度产业化的职业教育培养了大批的基础人才、技术工人。成功的产业化 IT 职业教育，为印度 IT 产业培养出大批一线工人。印度的软件人才主要是通过职业教育而不是高等教育培养出来的，从而大大降低了培养成本和使用成本，缩短了培养周期。目前，印度每年约有 50 万新生软件人才，其中大学毕业的只有 7 万多人，剩下的几乎都是通过职业教育与培训的模式培养的[①]。

1. 创建国家技能开发公司资助营利性企业开展职业培训教育

2009 年，印度创建了国家技能开发公司（National Skill Development Corporation，NSDC），通过创新的经费资助模式支持私营领域的参与。国家技能开发公司已经与 211 个培训机构建立了联

---

① 王鑫、吴先球：《印度如何成为软件大国》，《基础教育》（重庆）2004 年第 5 期，第 54~55 页。

系，其中很多培训机构已经开始提供短期培训项目。国家技能开发公司主要从以下几个方面支持私立培训教育：第一，通过创建合理的质量保障框架为印度的技能培训建立跨部门、全国性和国际性的公认标准；第二，规定私立培训机构注册和认证制度；第三，支持私立培训机构的发展；第四，通过借款、股权、拨款等方式为私立培训机构提供经费①。2013 年印度设立国家技能开发署（National Skills Development Agency），旨在与州政府共同合作以恢复各州技术技能领域的活力。在国家技能开发公司和国家技能开发署的资助下，数百家新的私立培训机构得到建立。此外，还有大量不受政府管制和认可的私营职业培训机构建立。获得国家技能开发公司资助的私立培训机构不仅要注册，而且以股权和贷款的形式接受国家技能框架的资助，还需要承诺 70% 的受训者能够得到就业岗位。这一模式在 IT 领域已经长期存在，而在其他职业培训领域还属首次。印度的 NIIT 公司就是这一模式的成功案例②。2013 年 12 月，印度建立了国家技能资格框架（National Skills Qualification Framework，NSQF），旨在为技能培训和教育结果提供一个统一的能力标准，由国家技能开发署负责实施。这些举措带来了产业培训机构和多科技术学校的增加，分别增加了 12000 所和 3200 所③。

2. 鼓励新建私立培训机构的同时重视质量控制

印度人力资源开发部（Ministry of Human Resource Development）

---

① Government of India, The National mission for skill development: a framework for implementation, http: //pibphoto. nic. in/documents/rlink/2015/jul/p201571502. pdf, 2015 年 10 月 11 日。

② Santosh Mehrotra, 2014, From 5 million to 20 million a year: The challenge of scale, quality and relevance in India's TVET, *Prospects*, (44): 267 – 277.

③ Government of India, National policy for skill development and entrepreneurship, http: // pibphoto. nic. in/documents/rlink/2015/jul/p201571503. pdf, 2015 年 10 月 11 日。

在保障印度技术劳动力供应数量和质量方面功不可没。为了满足印度软件行业的人才需求，人力资源开发部在政策上鼓励创办私立工程院校和产业 IT 培训机构。随着新的私立院校和 IT 培训机构的兴建，人力资源开发部又出台了质量控制机制，主要有以下几项举措：①帮助工程学院设立或扩张计算机科学系；②提供宽松的政策环境，保障私营部门在没有公共经费资助的情况下开设教育培训机构，大量私立工程院校得到设立；③为工程院校和其他 IT 培训机构引进质量控制机制，设立全印度科技教育委员会（All India Council for Technical Education）对技术教育进行管制，并通过专业协会，如印度计算机协会的认证体制来对私立培训机构的质量进行监督①。

印度劳动部（Ministry of Labour）除了管理公立的产业培训机构外，还负责管理 8000 家私立产业培训机构。完成了 8 年教育的儿童都可以进入这些产业培训机构学习职业培训课程。

（二）印度 NIIT 公司实践案例

NIIT（全国信息技术研究所有限公司）成立于 1981 年，是总部设在印度首都新德里的信息技术（IT）跨国公司。NIIT 是一个知识型公司，它是全球最大的信息技术教育培训和提供 IT 解决方案的公司之一，是印度第一大教育与培训公司，第二大 IT 服务公司和第三大软件出口商。该公司在 40 多个国家都建立起了分支机

---

① Subhash Bhatnagar, Indian software industry//Vandana Chandra, Technology, adaptation, and exports: how some developing countries got it right, World Bank, 2006: 10.

构，通过高品质、前沿性的技术项目培训使 3500 万名学习者受益。NIIT 有着世界一流的教师，为学生和专业人士提供高质量的技术教育，在国际上受到普遍认可。NIIT 在广泛的软件和硬件平台上成功完成了 1000 多个主要的信息技术项目。NIIT 的工作领域包括系统合成、商业对策、工程、制造、财务、网络工程、通信、信息技术咨询、应用软件开发、多媒体软件及职业信息技术培训和企业信息技术培训。NIIT 与全球各个公司在咨询系统集成和软件开发项目上进行过成功的合作。其中有 AT&T（GIS），太阳微系统，索尼，世界银行，Komatsu，PT 联合拖拉机，西尔斯，本田，丰田，大发，IBM，新加坡国防部、教育部、总理办公室和国内事务部。

1. NIIT 的发展历史：不断革新的 IT 教育培训公司

NIIT 重视通过软件平台提供先进的培训，培养产业界急需的 IT 人才。1992 年，NIIT 创立了名为 GNIIT 的旗舰学习项目，这是一个为期 4 年的经典项目，相当于正规教育中计算机应用专业的四年制学士学位。第四年由 NIIT 为学生安排在适合的行业参加专业实习，GNIIT 是当时印度唯一能够为学生提供这种行业培训的 IT 课程。NIIT 在世界银行国际金融公司以及花旗银行的支持下开展了一个 9462 万美元的学生贷款项目，为 4 万名经济困难学生进入 GNIIT 项目的学习提供了为期 5 年的贷款支持。[①] 除 GNIIT 外，NIIT 还设立了高级技术学习课程。该课程主

---

① Susan D'Antoni, The Virtual University models and messages：lessons from case studies, Paris：UNESCO Publishing，2006：414.

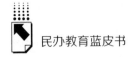

要为 IT 专业人士提供高级技术培训，帮助他们进一步提升技能和保持竞争力。与冠群电脑、IBM 公司、微软、甲骨文以及 SUN 微系统这些技术领导者的合作使其始终保持在技术的前列。这些合作也使 NIIT 得以在业内提供最新的培训服务，教育培训收入稳步增长。1996 年，NIIT 开始了全球化进程，在中国香港设立了一家教育中心，同时开始涉猎在线教育领域，建立了 NetVarsity 网络大学平台。NetVarsity 是印度第一个在线学习平台。1998 年，NIIT 联同数家印度技术公司进入中国市场。2004 年，NIIT 将其软件业务独立出来设立了 NIIT 技术公司。在培训领域，NIIT 于 2005 年创立了"工程师"学习项目，以增加工程毕业生的就业机会。同年，NIIT 的业务领域开始呈现多样化发展态势，开始囊括银行、金融和保险、高层管理教育、专业人士技能、业务流程管理以及中小学教育信息化领域。为了满足中小学生的 IT 学习需求，该公司为印度 100 所学校引进了计算机教育。截至 2006 年，NIIT 已经在中国、马来西亚、南非、泰国、美国、越南和津巴布韦建立了 2497 个学习中心。2007 年，NIIT 的 NetVarsity 在线教育平台通过 33 个国家的 3500 个教育中心每年为 50 万名学生提供教育培训。为了推动建立高等教育的新模式，NIIT 秉持着在知识社会成为创新和学习领导中心的理念，于 2009 年创办了非营利性的 NIIT 大学。NIIT 大学的核心原则是提供与产业紧密联系的、基于技术的、研究驱动的、无缝连接的教育。NIIT 大学被印度工商联合会授予 2013 年国家教育优异奖，被誉为"教学实践中技术运用最佳大学"。

2. NIIT 当前的业务内容：技能和才能开发

如今，NIIT 已经成为全球领先的技能和才能开发公司，在世界 40 多个国家为企业、学校和个人提供多学科学习管理和培训解决方案。NIIT 的业务主要分为三大块：企业学习业务、技能和职业生涯业务以及学校学习业务。

（1）企业学习业务（Corporate Learning Group）

企业学习业务为全球领先企业提供外包培训服务，包括自定义课程设计和内容开发、学习管理、学习服务、战略采购、学习技术以及咨询服务。NIIT 有着世界上最先进的学习解决方案的专业团队，能够帮助客户建立"学习和开发"的商业价值观。NIIT 的外包培训业务以及最佳培训进程使客户得以将商业目标与"学习和开发"相统一，降低成本，产生可测价值，受益于稳定的管理并且增强商业影响[①]。

（2）技能和职业生涯业务（Skills and Careers Group）

技能和职业生涯业务为几百万个体和企业学习者在银行、金融和保险、软技能、业务发展、销售能力提升、管理教育、多部门职业技能、数字媒体营销以及新时代 IT 等多个领域提供多样化的学习和才能发展项目；这些项目主要通过一个混合平台进行提供，该平台由一个"云校园"在线平台、一个运用卫星的"同步学习技术"平台和一个由位于印度、中国以及亚非其他市场的数百个学习中心组成的实体网络组成。提供的主要多学科课程除大量短期专

① NIIT, Indian Technical& Economic Cooperation & Special Commonwealth Assistance for Africa Program and TCS of Colombo Plan at NIIT, http://www.niit.com/india/training/enterprises/government/Documents/brochure%20design_7%20x%209.pdf, 2015 年 10 月 11 日。

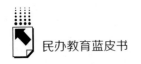
业课程以外还包括企业签署的学习项目以及为不同学生提供的一系列硕士学位项目①。

（3）学校学习业务（School Learning Group）

学校学习业务为位于印度、不丹、南非和中东的15000所公立和私立学校提供基于技术的学习。NIIT的nGuru系列学校学习解决方案包括：数字内容的互动课堂、技术驱动的数学实验室、IT魔术项目以及一个名叫"快速学校"的学习资源计划软件②。2013～2014年，NIIT集团的净销售额达到95.1亿美元。企业学习业务为NIIT带来的收入占到了总收入的51%，近年来，NIIT的技能和职业生涯业务受到了IT领域雇员日益减少的影响，该公司通过扩张IT以外的业务解决此问题。2015财年，IT以外的业务对该公司的贡献率达到了33%，而该比例在上一年为26%，其间，技能和职业生涯业务带来的收入减少了18%③。

NIIT的学习和才能开发解决方案在全球范围内获得了广泛认同，该公司在过去7年间连续被"培训界"（Training Industry，Inc.）誉为20家顶尖的培训外包公司之一，在过去20年间连续被印度的ICT学术杂志 Dataquest 誉为"顶尖培训公司"，还在2014年的世界教育峰会上被评为"最佳职业教育与

① NIIT, Indian Technical& Economic Cooperation & Special Commonwealth Assistance for Africa Program and TCS of Colombo Plan at NIIT, http：//www. niit. com/india/training/enterprises/government/Documents/brochure%20design_ 7%20x%209. pdf，2015年10月11日。

② NIIT, Indian Technical& Economic Cooperation & Special Commonwealth Assistance for Africa Program and TCS of Colombo Plan at NIIT, http：//www. niit. com/india/training/enterprises/government/Documents/brochure%20design_ 7%20x%209. pdf，2015年10月11日。

③ Money Control, Director Report, http：//www. moneycontrol. com/annual－report/niit/directors－report/NII，2015年10月11日。

技能开发企业"①。

3. NIIT 的 IT 教学策略：一切保障学生就业②

作为全球领先的 IT 学习解决方案公司，NIIT 以创新的 IT 教育和培训而闻名。为保障学生的就业，其在教学方式设计上不断革新。

（1）重视企业的人才需求

NIIT 在成立之时，就确定了课程设置和内容的选择是由企业和学生决定。也正是这种核心驱动力保证了课程的内容是学生最需要掌握的，且企业中最需要为业务加进来的新技术。NIIT 的课程强调教什么并不是很重要，保证学生找到工作才是重要的，这也是 NIIT 与其他职业教育的本质区别之一。

（2）研发团队保持与企业的联系

NIIT 拥有着一支 700 人的教学研发团队，专注于课程技术研发、计算机教学方式方法的研究、前沿技术的跟踪和评估、技术发展趋势分析。课程的修改与企业的回馈同步进行。NIIT 的课程设计者们并非全职，他们还兼职负责其他的项目。同时每天还在接客户的项目、和客户交流，这样有利于设计者的知识增长，负责与授课教师的知识传导。这就像一条学习的生态链，让企业为学生提出需求，然后利用 NIIT 的课程去了解更多的开发工具的使用思路，推荐给企业的人才恰恰是企业此时最

---

① NIIT, Indian Technical& Economic Cooperation & Special Commonwealth Assistance for Africa Program and TCS of Colombo Plan at NIIT, http://www.niit.com/india/training/enterprises/government/Documents/brochure%20design_7%20x%209.pdf, 2015 年 10 月 11 日。
② 《NIIT：打造中国 IT 教育行业的"超级航母"》，新风 IT 教育网，http://www.xinfengit.com/201104/27117131.html, 2015 年 10 月 25 日。

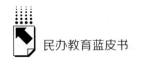

需要的，这样的链条贯穿了人才供求关系的每个环节，因此企业和学生都受益。

（3）课程重视学生的应用能力

"理工新锐"是NIIT针对中国推出的全新IT教学改革项目，自项目实施以来，共为中国培养了超过10多万名IT应用人才，如今这些学生已经成为中国IT行业中一支重要的力量。"理工新锐"课程着力解决传统IT教育学用脱离、重理论轻实践的情况，并创造性地通过"理工类学生的原有知识+企业项目实训"的手法，着力提高学生的应用能力，使他们毕业后能迅速进入用人单位一线，为用人单位创造价值。

（4）建立完善的就业知识解答库

通过与企业达成共识，NIIT如今已经将自己塑造成一个IT人员就业解答的知识库。发现问题，解决问题，并沉淀和总结问题，同时将这个知识库与各地各个分支培训中心同步，让不同地区的学生都能够很快地绕过错误，预先了解正确的面试应对方案。

（5）将外部就业与内部学习相融合

NIIT未来发展和对教学方式、教学环境的改变都将以学生为中心，使学生更加关注课程，这都突出了学生主体在NIIT教育培训理念中的核心地位。更多的观察表明，NIIT将一直以来渗透在其血液中的课程质量因素复制到外部的就业面试中，他们复制了学习的方法、知识沉淀以及共享的方式，并且把外部就业和内部学习融合到了一起。

四　美国在线教育的政策与实践

（一）美国在线教育政策

大型开放式网络课程（MOOC）起源于加拿大，在美英等国得到了迅速的发展。随着人们对高等教育需求的增加，MOOC日益成为一种重要的教育选择。

由于美国宪法的规定，政府并不直接参与高等教育管理，MOOC的发展更多的是高校自主的行动以及市场的利益驱动，政府对其直接的干预与扶持较少，主要通过颁布教育法令和法案、认可教育认证机构、财政拨款这三种方式参与网络教育质量的保障和监督。从20世纪90年代到21世纪前10年，一系列相关法律法令的出台，体现了美国政府对网络教育从最初的严格监督与限制逐渐过渡到基本认可与接纳的全过程。1994年《高等教育法》修正案对远程教育学生获取财政资助的资格进行了极为严格的限定，虽然保证了远程教育质量，但却将很大一部分网络教育学生拒之门外；1998年《高等教育法》修正案确定了认证机构对远程教育认证标准的控制权；从1999年开始，美国教育部把涉及远程教育的认证机构列入定期深度考核的名单，通过对高等教育认证机构的认可来加强对网络教育质量的监督；从1999年到2001年，美国政府和全美20多个州的100多个大学联手开展了"远程教育示范项目"，该项目的研究结论表明"网络高等教育质量与传统教育质量一样好"，这一结论终于使美国政府在2006年废除了对远程教育财政援助的大部分限制，网络注册学生和传统学生一样可以申请同等的助学贷款；2008 年出台的《高等教育机会法案》针对远程教育质量保障进行了更为细化的规定，并对提供远程教育的机构和教师提出更明确的资质要求[①]。在认证方面，政府对教育认证机构进行认证，教育认证机构对开办网络教育的机构进行认证，网络教育也是高等教育的重要组成部分，接受区域性认证、全国性认证、专业性认证三种形式的机构认证。在财政支持方面，美国政府在 2006 年废除了对远程教育财政援助的大部分限制，网络注册学生和传统学生一样可以申请同等的助学贷款[②]。参加 MOOC 的学生有着不同的年龄、背景和国籍，他们基于自我充实、专业教育、为大学课程做准备等原因加入 MOOC。在有的州，MOOC 的学习还逐渐可以取代大学先修课程（Advanced Placements）学分。例如，根据加州的法律规定，学生在无法获得学额并且无法在本校获得同类网上课程的情况下，可以通过 MOOC 学习完成该学分。但是，该 MOOC 课程若想获得认可，就必须获得美国教育协会（American Council on Education，ACE）或者其他知名课程审查机构的认证，还要获得由加州大学系统、加州州立大学系统以及加州社区学院系统组成的教师小组的认证[③]。

---

① 范小鹤：《美国网络高等教育质量保障发展的历史特点》，《河北大学学报》（哲学社会科学版）2012 年第 2 期，第 153～155 页。

② 李亮：《MOOC 发展的国家政策支持研究》，《现代教育技术》2014 年第 5 期，第 65～72 页。

③ Michael Cusumano，MOOC：contexts and consequences，http：//ebusiness. mit. edu/research/papers/2013. 05_ Cusumano_ MOOC%20Contexts%20and%20Consequences. pdf，2015 年 10 月 27 日。

（二）美国在线教育培训机构实践案例

1. 美国开展 MOOC 的主要机构

2002 年，卡耐基梅隆大学的开放学习项目（Open Learning Initiative，OLI）与麻省理工学院的开放课件项目（Open Course Ware，OCW）提供的就是与 MOOC 相似的在线学习平台。OLI 是利用科学研究与开放教育资源的设计开发相互促进和带动发展的典型。该开放学习项目同时重视课程开发和学术研究，即重点开发在线课程，同时研究如何充分利用这些在线课程来有效地促进学习。OCW 是由麻省理工学院在 2002 年创始的一项计划。它的目标是在 2007 年底以前，让所有大学生和研究生课程能够在线上自由地被任何人从任何地点取用。MIT 开放式课程也可以被视为一项庞大的、网络出版的 MIT 教材。之后，这个计划激励了不少机构将它们的教材转变为开放的教育资源。2007 年 11 月，美国已经有超过 1800 个课程在线上。2011 年，麻省理工学院在 OCW 的基础上启动了 MITx 项目，2012 年，哈佛大学和麻省理工学院在 MITx 的基础上共同创立了 edX，这是一个非营利性的 MOOC 开源平台。

Coursera 是一个以营利为目的的公司，由斯坦福大学的计算机科学的两位教授创建，截至 2013 年 Coursera 共获得了 3300 多万美元的风险投资。Coursera 的主要教学理念是：在线学习是有效的、知识的提取和测验是重要的、掌握学习理论、同伴评价以及教室中的积极学习。目前，Coursera 共有来自 16 个国家 62 所高校的 332 门课程，涉及计算机科学、数学、生物学、人文科学、社会科学、医学、工程学以及教育学等学科，注册用户 300 多万人。

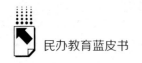

与 Coursera 类似，Udacity 也起源于斯坦福大学，是一个营利性组织，共涉及四个学科的 20 多门网络课程。最近，Udacity 宣布与乔治亚理工学院进行合作，Udacity 与乔治亚理工学院一起将提供计算机科学专业的硕士学位，学费为 7000 美金，较全日制硕士学位的成本少 80%。Udacity 还与圣何塞州立大学合作提供一个数学和统计的补习课程，该课程能够转换为加州州立大学系统的学分。这使圣何塞州立大学能够以传统课程十分之一的成本提供该课程。

2. 在线教育机构的运行保障

（1）开放的在线教育平台

大规模开放在线课程之所以引起广泛关注，是因为它强调能够提供免费开放的、前沿性的课程，这些课程能够降低高等教育成本，并很可能导致高等教育现存模式的瓦解。

开放的课程：按照不同学科为学习者提供教育资源和活动，满足他们的需求。这让学习者自主学习，保障他们的所学符合个人兴趣和要求。

开放的学习：教师、专家和同行通过多样的活动在学习过程中产生和分享新思想和新观点。这能够为学习者提供自我驱动、独立的、兴趣导向的学习机会。

开放的评估：与以前由学校对学习结果进行正式的、垄断性评估有所不同，在线学习者的学习效果由他们的教师和同伴在学习过程中通过"同行评估"或者按照学生需求通过众包评估（crowd-sourced assessment）的方式给予认证。

开放的平台：通过为教育者和学习者创造一个吸引人的、直观的、稳定的界面支持起一个动态的、互动的、开放的学习社区。云服务和开放的标准使不同的平台和服务能够进行信息和数据的互换。

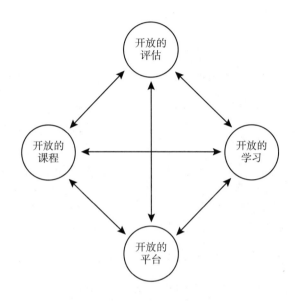

图 2 MOOC 的开放性特征

资料来源：Li Yuan & Stephen Powell, MOOCS and open education: implications for higher education, http://publications. cetis. org. uk/2013/667, 2015 年 10 月 27 日。

（2）权威机构认可的质量保障

美国教育理事会对 Coursera 中 5 门课程的认证，获得权威机构的认可，可以增强 MOOC 课程的社会认可度与吸引力；为了提高课程评价的可信度与课程培养的质量，Coursera 与培根测试中心合作提供个人考试服务，Udacity 和 edX 与测验服务提供商 Pearson VUE 达成了协议，在网站上注册学习的学生可以选择参加有监考（认证）的期末考试；高校之间的学分互认；风险投资与基金会等

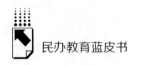

非政府组织为 MOOC 的发展提供了资金支持；通过提供更好更优质的学习支持服务，提高 MOOC 课程的通过率等①。

（3）持续不断的资金保障

Coursera、edX、Udacity 以及其他一些在线教育平台都获得了高等学校及投资者的大量投入。持续不断的资金注入，是保持 MOOC 运转与发展的物质基础。大量风险基金和慈善基金的进入，是美国 MOOC 得以迅速发展的一个重要原因。当前，MOOT 平台主要关注于奠定更广泛的用户基础，而不是盈利。例如，Coursera 的投资者表明："获得经济效益并非这一商业行为最重要的目的，而是 Coursera 正在迅速聚集高质量课程内容，而这对于大学也开始具有吸引力，渴望获得和使用这些课程。我们的投资将是一个长期的过程，最优秀的公司往往需要 10 年的孕育时间。"当前，这些平台还未开始提供学分。然而，MOOC 要在未来取得成功，其学习资历就必须获得劳动力市场和学术界的认可。

表2 MOOC 机构的资金投入和用户情况

机构	Coursera	Udacity	edX
资金投入（万美元）	2200	2000	6000
用户基础（万人）	350	150	67.5

资料来源：Michael Cusumano，MOOCS：contexts and consequences，http：// ebusiness. mit. edu/ research/ papers/2013. 05_ Cusumano_ MOOC%20Contexts%20and%20Consequences. pdf，2015 年 10 月 27 日。

———————

① 李亮：《MOOC 发展的国家政策支持研究》，《现代教育技术》2014 年第 5 期，第 65～72 页。

美国 MOOC 平台筹资的渠道也比较广泛，主要包括基金会赞助、合资、社会捐款、风险投资等，拓宽了资金的来源渠道。据不完全统计，截至 2013 年 7 月，获得投资金额在 1000 万美元的平台有 11 个，投资金额在百万美元的平台有 4 个，其中作为 MOOC 三驾马车的 Coursera、Udacity、Udemy 获得的资金投入都在千万美元以上。其中 edX 则是由主办方麻省理工学院和哈佛大学各自出资 3000 万美元，通过这种合资的方式来维持平台的运作。此外，其他在线教育平台，如可汗学院（Khan Academy）收到的捐款包含比尔·盖茨夫妇的慈善基金捐助的 150 万美元和谷歌公司赞助的 200 万美元。平台 Saylor 的资金主要来源于 Saylor 教育基金会。过去 10 年，公开教育消耗了 1.5 亿美元，知名高校和慈善组织成为这些巨额开销的"最后付款人"。MOOC 的兴起与发展，背后有互联网资本力量的驱动①。

3. 在线教育的商业模式

依据"全球产业分析公司"（Global Industry Analysts）的分析，全球数字化学习市场 2015 年将达到 1.07 千亿美元。然而，MOOC 在网络教育领域如何赚钱依然不十分清晰。许多 MOOC 项目并没有展现出清晰的商业模式，这种快速启动和随后忧虑收益的现象，如同硅谷常见的景象一样。MOOC 的主流提供商采用的常见商业营利模式是收取证书的费用。尽管 edX 是一个非营利性的 MOOC 平台，目标是帮助有共同志向的大学实现其教育使命，但长

---

① 李亮：《MOOC 发展的国家政策支持研究》，《现代教育技术》2014 年第 5 期，第 65～72 页。

远来看，edX 也需要经费方面的自给自足；Coursera 和 Udacity 是营利组织的代表①。

表3　在线教育机构的关键特征比较

机构	以营利为目的	免费进入	认证费用	高校学分
edX	否	是	是	否
Coursera	是	是	是	部分高校
Udacity	是	是	是	部分高校
Udemy	是	部分课程	是	部分高校
P2PU	否	是	是	否
可汗学院	否	是	否	否

资料来源：Li Yuan & Stephen Powell, MOOC and open education：implications for higher education, http：//publications. cetis. org. uk/2013/667，2015 年 10 月 27 日。

大多数在线课程都主要教授本科阶段的概述性课程，通常有三种商业动机：①收取认证费用；②建立学生与潜在雇主的联系；③收取附加服务费用。具体来看，包括②：

a. 通过认证、课程、学位、许可、广告等方面的收费获取收入；

b. 通过生均授课成本的低成本提高运行效率；

c. 通过世界范围内的品牌认同以及消除校区的地理障碍来吸引学生和教师；

① Li Yuan & Stephen Powell, MOOCs and open education：implications for higher education, http：//publications. cetis. org. uk/2013/667，2015 年 10 月 27 日。
② Elizabeth L. Burd, Shamus P. Smith & Sorel Reisman, 2015, Exploring Business Models for MOOC in Higher Education, *Innov High Educ*, （40）：37 – 49.

d. 加强各领域之间的联系，使更多大学和学院能够在降低运营成本的同时实现专业化。

作为营利性机构，Coursera 和 Udacity 正在发展各种商业模式。依据它们发布的营利战略，具体包括：将学生的信息卖给潜在的雇主或者广告商、付费形式的作业评分、能够进入社会网络和参与讨论、为赞助商的课程做广告、学分类课程的学费[①]。

表 4　在线教育机构的商业模式

edX	Coursera	Udacity
● 认证费用	● 认证费用 ● 可信赖的考评 ● 员工招募 ● 求职者或入学申请者的筛选 ● 个别指导或作业评分 ● 企业为开设自己的培训课程支付费用 ● 赞助费 ● 学费	● 认证费用 ● 雇主使用系统来物色有才华的学生而支付费用 ● 学生简历和工作匹配服务 ● 公司对高技术技能课程的赞助

资料来源：Li Yuan & Stephen Powell，MOOCS and open education：implications for higher education，http：//publications. cetis. org. uk/2013/667，2015 年 10 月 27 日。

在线教育的一个潜在商业模式就是将优秀的学生介绍给潜在的雇主，而该模式在不同的在线教育机构具有不同程度的可行性，它取决于在线教育机构是否与雇主建立起了良好的伙伴关系，通常这也取决于雇用方。Udacity 的首席运营官大卫·史蒂芬斯（David Stavens）观察到在硅谷，猎头通常收取相当于一个软件工程师起

---

① Li Yuan & Stephen Powell，MOOCS and open education：implications for higher education，http：//publications. cetis. org. uk/2013/667，2015 年 10 月 27 日。

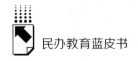
薪20%的介绍费，这意味着每物色成功一个人选就能够获得15000美元①。

很多在线教育机构都收取课程认证费用，尽管这种模式具有一定的优势，但是由于课程的低完成率，课程认证通常并不能带来可观的收入。如 Pearson 公司就为学习者提供专门的考试中心来保障考试的安全进行。据统计，一个在线教育平台必须有 10 万名学生注册才能够从课程认证费中盈利，但是目前平均每个在线教育平台仅有 5 万名学生②。

课程许可是 MOOC 最常见的收入方式，除学生以外，高校若要将 MOOC 课程与传统的课堂学习相结合或者想要用以替代教材，也需要付费获得课程许可。例如，墨西哥的一所工程学校的学生可能将当前的课程与 MIT、斯坦福或加州理工的 MOOC 课程相结合进行学习，从而提高自身技能和接触知名教授的机会，在此情况下，他的学费支出就应当包含获得课程许可支出的成本。

4. 在线教育机构对高等教育的影响

MOOC 使课程学习变得方便易得，使世界各地的学生都得以接触到最优秀的高等教育资源，MOOC 学分可以代替大学学分为学生节约教育成本，但尽管如此，这一模式也引发了人们的担忧。一些大学教师认为教学是无法量产的，一些则认为 MOOC 会引发高等教育商业模式的变化，还有人担心一旦 MOOC 学分能够获得学位，

---

① Elizabeth L. Burd, Shamus P. Smith & Sorel Reisman, 2015, Exploring Business Models for MOOC in Higher Education, *Innov High Educ*, (40): 37 –49.
② Elizabeth L. Burd, Shamus P. Smith & Sorel Reisman, 2015, Exploring Business Models for MOOC in Higher Education, *Innov High Educ*, (40): 37 –49.

则一些排名靠后的大学将无法生存。

（1）对教育质量的影响

对高等教育机构而言，MOOC 的质量保证问题是最大的顾虑。在大多数情况下，相比其他网络课程，MOOC 中教师的重要地位，尤其是在师生互动中的重要地位，很少能够体现出来。这些 MOOC 课程很大程度上依赖自学，这是与正规教育完全不同的体验。MOOC 开放的本质吸引那些喜欢并能投入到这种学习方式的群体，它需要学习者有比较强的自学能力和一定水平的计算机素养，而这影响了教育的普及性和公平性[①]。通常情况下，MOOC 缺少正规的质量保证措施，而弥补这种不足的一种途径就是让学习者和教育工作者对 MOOC 进行评价，并依据这些评价对 MOOC 的质量进行排名。这样，那些评价不高的 MOOC 会由于缺少需求而消失，或者通过不断改进课程质量而"存活"下来。另外一个值得探讨的方式就是，也许 MOOC 最重要的质量保证和改进形式是让开发者和学习者通过社会媒体（如 Facebook）来表达自己的反思、非正式评价和评论等[②]。

有关 MOOC 的另外一个争论焦点是学习者的中途退出率和完成率。尽管在线课程的注册率很高，但它的完成率则较低。梅耶报告称，在斯坦福大学、麻省理工学院、加州大学伯克利分校提供的 MOOC 中，学生退出率高达 80% ~ 95%。例如，一门非常受欢迎

---

① Li Yuan & Stephen Powell, MOOC and open education: implications for higher education, http://publications. cetis. org. uk/2013/667，2015 年 10 月 27 日。

② Li Yuan & Stephen Powell, MOOC and open education: implications for higher education, http://publications. cetis. org. uk/2013/667，2015 年 10 月 27 日。

的"人工智能"（Artificial Intelligence）课程，聘请了来自斯坦福大学和 Google 的著名教授进行讲授，该课程吸引了 16 万名学生报名参加，但是仅有 28000 名完成了课程，完成率仅为 17.5%，而该结果相较于其他在线课程来说完成率相对较高，大多数在线课程的完成率低达 5%[①]。而在 5 万名学习加州大学伯克利分校"软件工程"课程的学生中，只有 7% 的学生学完了该课程。在 Coursera 的另外一门"社会网络分析"课程中，也有类似情况：只有 2% 的学习者获得了基本的证书，仅有 0.17% 的学习者获得了高级别的证书。[②]

（2）对其他高等教育机构的影响

MOOC 注册人数的迅速增加使人们开始思考 MOOC 的免费和开放课程是否会影响整个高等教育领域。至今为止，并没有任何证据表明 MOOC 和其他在线教育课程会对全日制的美国高等学校产生负面影响。在过去十年间，美国高等教育入学的增长主要在非全日制的教育选择，如夜校和在线课程。只有在 MOOC 的学分能够获得普遍认同并可以转换为大学学分后，MOOC 的教育模式才会威胁到这些学校的商业模式。但是，如果州立法开始接受 MOOC 的学分，则非全日制高校和排名较后的私立学院的商业模式将受到威胁。目前为止，排名较后的私立学院和营利性在线大学的学生的收费与顶尖大学相当。例如，2012～2013 学年，哈佛大学的学费为

---

① Elizabeth L. Burd, Shamus P. Smith & Sorel Reisman, 2015, Exploring Business Models for MOOC in Higher Education, *Innov High Educ*, (40): 37-49.

② Li Yuan & Stephen Powell, MOOC and open education: implications for higher education, http://publications.cetis.org.uk/2013/667, 2015 年 10 月 27 日。

3.76 万美元，而同年，福德汉姆大学布朗克斯校区（Fordham University in Bronx）的学费为 4.28 万美元。若学生在凤凰城大学接受在线学习并且完成 1/4 的本科课程则一年的学费为 1.85 万美元，尽管这一收费较全日制大学要低得多，但是难以想象它该如何同在线免费高等教育模式进行竞争①。随着 MOOC 日益受到雇主和大学系统的欢迎，这将迫使家庭开始仔细研究当前高等教育模式的成本和收益，那些无法提供明显回报的高等学校将不得不削减成本或面临生源减少的危险。

五　外国私立培训教育对我国的启示

（一）出台支持和规范私立培训教育发展的法律政策

各国都出台了支持私立培训教育发展的法律政策，满足个性化教育需求。例如，日本修改《社会教育法》，旨在用法律保证国家和地方为国民提供学校教育以外的学习机会。法律规定，各都、道、县等地方的教育委员会事务局负责推进社会教育工作，并对提供社会教育的机构给予指导。澳大利亚联邦政府将财政资助的对象扩展到营利性早教机构，并出台了一系列法案，如《儿童照顾协助方案》《儿童照顾先垫后付方案》《幼儿保育补助方案》《幼儿保育税收减免措施》，从而改变了财政投入方式，通过补助家庭支

---

① Michael Cusumano, MOOC: contexts and consequences, http://ebusiness.mit.edu/research/papers/2013.05_ Cusumano_ MOOC%20Contexts%20and%20Consequences.pdf, 2015 年 10 月 27 日。

持了营利性早教机构的发展。而在垄断行为对早教行业出现不利影响后，又出台了国家认证体系和质量框架以监督私立早期教育的发展。此外，公共政策的出台与完善配套的措施一道形成政策组合拳，共同发力，达成既定的政策目标。

（二）严格监管的同时拓宽私立培训教育的经费来源渠道

首先，政府对营利性民办教育进行投入要纳入规范和严格的监管。在 20 世纪 90 年代以前，澳大利亚联邦政府只辅助非营利性机构。此后，政府将营利性托幼机构纳入补助范围，但由于缺乏对相关机构的规范和严格监管，出现了幼儿保育收费快速上涨，家长负担加重，营利性机构质量低下，以公共财政支持谋取私人利益等问题。资本的逐利性使得机构在缺少监管和调控的情况下，往往会出现牺牲幼儿身心健康、谋取高额经济效益的行为。

其次，拓宽私立培训教育的经费来源渠道，例如，美国的风险投资与基金会等非政府组织为 MOOC 的发展提供了资金支持。而在我国，风险资本与慈善基金会发展相对缓慢，资本具有逐利性，就目前来看，投资在线教育的利润较低，投资回报期较长，吸引资金的能力并不突出，合理商业化模式的创建也是一个难题。在线教育机构探索合适的商业模式，考虑以广告嵌入和设立公益基金等方式获取适当的收益，补充到 MOOC 开发的经费中，实现成本的部分合理分担。通过多种渠道满足 MOOC 建设的经费需求①。

---

① 李亮：《MOOC 发展的国家政策支持研究》，《现代教育技术》2014 年第 5 期，第 65～72 页。

（三）注重满足特色化、个性化的市场需求

各国私立培训机构都非常注重满足特色化、个性化的市场需求，都非常重视课程的特色和实用性。印度高质量的软件人才在国际市场竞争中长期处于优势，关键在于课程内容的现代化和课程编排的合理性。印度 IT 教育成功的原因之一便是其课程安排与行业需要相一致。如 NIIT 公司的课程设置都是专家通过对学校及行业特点进行分析，并结合 IT 行业发展需要及时更新课程内容。在课程内容的确定过程中，积极与各种质量认证体系进行比较，以保证课程内容的高质量，提高课程的质量声誉。而日本的学习塾与正规学校的主要区别在于它不具备学历上的意义，只注重学习能力的提高。日本的学习塾更多的是补习班、升学辅导班或兴趣班，但是在教学上日本的学习塾比较注重个性化，为学生提供了正式教育中不能提供的教育内容，体现了教育的差异化，同时也部分满足了一些学生在正式教育中不能被满足的教育需求[①]。

（四）建立私立培训教育质量保障机制

首先，加强第三方机构对教育质量的监督与评估。例如，日本的行业协会对培训机构的健康发展起着重要作用，其工作内容可以包括：为学习者提供咨询服务；帮助培训机构研究有效的教学手段；提升教员素质；保证公平、公正的教学合同；促进培训机构的

[①]　陆莎、肖非：《日本"有实无名"的英才教育》，《比较教育研究》2013 年第 5 期，第 53 ~ 58 页。

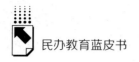

交流与合作等。行业协会还制定"会员伦理规程",规定学校不能做虚假广告、夸大宣传,并要求学校对促销、积分、收费等制度予以明示。为了提供更好更优质的学习支持服务、提高 MOOC 课程的通过率,美国政府主要通过颁布教育法令和法案、认可教育认证机构、财政拨款三种方式参与大学网络教育的保障与监督。

其次,加强对消费者补贴政策实施效果的监管和评估。例如,澳大利亚尽管向消费方提供了补贴,却没有对托幼机构所提供的幼儿早教质量实施切实有效的监管和评估,未对获补助幼儿进入的托幼机构进行严格的财务监管,造成了幼儿保育质量参差不齐,垄断性幼儿保育集团产生,公共财政落入私人腰包等问题。

B.6
后 记

　　《中国民办教育发展报告——民办培训教育》是中国教育科学研究院 2014 年度基本科研业务费专项基金资助项目成果，也是中国教育科学研究院"全国民办教育协作创新联盟"的协作成果。中国教育科学研究院教育发展与改革研究所与"全国民办教育协作创新联盟"成员单位阳光喔教育集团共同承担课题的研究撰写任务，课题负责人为中国教育科学研究院教育发展与改革研究所所长吴霓研究员。

　　近年来，民办培训教育取得了较为快速的发展，为社会提供了丰富多样、优质特色的民办教育服务，成为民办教育体系的重要组成部分，也成为我国教育事业发展的重要增长点和促进教育改革的重要力量。我国大众创业、万众创新的格局，更加凸显民办培训教育灵活应对环境和要求的特色。本书在全面描述全国和各省份民办教育总体发展状况的基础上，聚焦民办培训教育，一方面总结梳理民办培训教育发展的经验和问题，另一方面分析借鉴国外私立培训教育发展特色，并在此基础上对我国民办培训教育的未来发展提出了建议。

　　吴霓负责课题研究的设计策划、组织协调、调研实施及本书的撰写、修改和统稿。各部分具体分工为：总报告由吴霓和阳光喔教育集团叶连云执笔；发展篇由中国教育科学研究院李楠执笔；专题

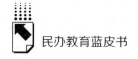

篇的三篇文章，分别由阳光喔教育集团孙菊容、中国教育科学研究院吴霓执笔；阳光喔教育集团金小娟、黄瑾晨、胡晶执笔；中国教育科学研究院罗媛执笔。阳光喔教育集团罗珠彪教授、金小娟老师协助进行了研究工作的协调，中国教育科学研究院博士后王帅协助进行了书稿的统稿和修订。

　　民办教育研究是中国教育科学研究院教育发展与改革研究所长期从事的研究专题。我们通过研究，持续为国家民办教育决策提供服务，为民办教育实践提供指导和支持，并创新民办教育理论，促进民办教育健康科学发展。在社会科学文献出版社的大力支持下，我们将以系列民办教育蓝皮书的形式，把我们的研究成果奉献给社会。

中国教育科学研究院教育发展与改革研究所所长

全国民办教育协作创新联盟理事长

研究员、博士生导师　吴霓

2018 年 3 月

❧ 皮书起源 ❧

"皮书"起源于十七、十八世纪的英国，主要指官方或社会组织正式发表的重要文件或报告，多以"白皮书"命名。在中国，"皮书"这一概念被社会广泛接受，并被成功运作、发展成为一种全新的出版形态，则源于中国社会科学院社会科学文献出版社。

❧ 皮书定义 ❧

皮书是对中国与世界发展状况和热点问题进行年度监测，以专业的角度、专家的视野和实证研究方法，针对某一领域或区域现状与发展态势展开分析和预测，具备原创性、实证性、专业性、连续性、前沿性、时效性等特点的公开出版物，由一系列权威研究报告组成。

❧ 皮书作者 ❧

皮书系列的作者以中国社会科学院、著名高校、地方社会科学院的研究人员为主，多为国内一流研究机构的权威专家学者，他们的看法和观点代表了学界对中国与世界的现实和未来最高水平的解读与分析。

❧ 皮书荣誉 ❧

皮书系列已成为社会科学文献出版社的著名图书品牌和中国社会科学院的知名学术品牌。2016年，皮书系列正式列入"十三五"国家重点出版规划项目；2013~2018年，重点皮书列入中国社会科学院承担的国家哲学社会科学创新工程项目；2018年，59种院外皮书使用"中国社会科学院创新工程学术出版项目"标识。

权威报告·一手数据·特色资源

皮书数据库
ANNUAL REPORT(YEARBOOK)
DATABASE

当代中国经济与社会发展高端智库平台

所获荣誉

- 2016年，入选"'十三五'国家重点电子出版物出版规划骨干工程"
- 2015年，荣获"搜索中国正能量 点赞2015""创新中国科技创新奖"
- 2013年，荣获"中国出版政府奖·网络出版物奖"提名奖
- 连续多年荣获中国数字出版博览会"数字出版·优秀品牌"奖

成为会员

通过网址www.pishu.com.cn访问皮书数据库网站或下载皮书数据库APP，进行手机号码验证或邮箱验证即可成为皮书数据库会员。

会员福利

- 使用手机号码首次注册的会员，账号自动充值100元体验金，可直接购买和查看数据库内容（仅限PC端）。
- 已注册用户购书后可免费获赠100元皮书数据库充值卡。刮开充值卡涂层获取充值密码，登录并进入"会员中心"—"在线充值"—"充值卡充值"，充值成功后即可购买和查看数据库内容（仅限PC端）。
- 会员福利最终解释权归社会科学文献出版社所有。

社会科学文献出版社 皮书系列
SOCIAL SCIENCES ACADEMIC PRESS (CHINA)

卡号：226878963549
密码：

数据库服务热线：400-008-6695
数据库服务QQ：2475522410
数据库服务邮箱：database@ssap.cn
图书销售热线：010-59367070/7028
图书服务QQ：1265056568
图书服务邮箱：duzhe@ssap.cn

基本子库
SUB DATABASE

中国社会发展数据库（下设 12 个子库）

全面整合国内外中国社会发展研究成果，汇聚独家统计数据、深度分析报告，涉及社会、人口、政治、教育、法律等 12 个领域，为了解中国社会发展动态、跟踪社会核心热点、分析社会发展趋势提供一站式资源搜索和数据分析与挖掘服务。

中国经济发展数据库（下设 12 个子库）

基于"皮书系列"中涉及中国经济发展的研究资料构建，内容涵盖宏观经济、农业经济、工业经济、产业经济等 12 个重点经济领域，为实时掌控经济运行态势、把握经济发展规律、洞察经济形势、进行经济决策提供参考和依据。

中国行业发展数据库（下设 17 个子库）

以中国国民经济行业分类为依据，覆盖金融业、旅游、医疗卫生、交通运输、能源矿产等 100 多个行业，跟踪分析国民经济相关行业市场运行状况和政策导向，汇集行业发展前沿资讯，为投资、从业及各种经济决策提供理论基础和实践指导。

中国区域发展数据库（下设 6 个子库）

对中国特定区域内的经济、社会、文化等领域现状与发展情况进行深度分析和预测，研究层级至县及县以下行政区，涉及地区、区域经济体、城市、农村等不同维度。为地方经济社会宏观态势研究、发展经验研究、案例分析提供数据服务。

中国文化传媒数据库（下设 18 个子库）

汇聚文化传媒领域专家观点、热点资讯，梳理国内外中国文化发展相关学术研究成果、一手统计数据，涵盖文化产业、新闻传播、电影娱乐、文学艺术、群众文化等 18 个重点研究领域。为文化传媒研究提供相关数据、研究报告和综合分析服务。

世界经济与国际关系数据库（下设 6 个子库）

立足"皮书系列"世界经济、国际关系相关学术资源，整合世界经济、国际政治、世界文化与科技、全球性问题、国际组织与国际法、区域研究 6 大领域研究成果，为世界经济与国际关系研究提供全方位数据分析，为决策和形势研判提供参考。

法律声明

"皮书系列"（含蓝皮书、绿皮书、黄皮书）之品牌由社会科学文献出版社最早使用并持续至今，现已被中国图书市场所熟知。"皮书系列"的相关商标已在中华人民共和国国家工商行政管理总局商标局注册，如LOGO（🖐）、皮书、Pishu、经济蓝皮书、社会蓝皮书等。"皮书系列"图书的注册商标专用权及封面设计、版式设计的著作权均为社会科学文献出版社所有。未经社会科学文献出版社书面授权许可，任何使用与"皮书系列"图书注册商标、封面设计、版式设计相同或者近似的文字、图形或其组合的行为均系侵权行为。

经作者授权，本书的专有出版权及信息网络传播权等为社会科学文献出版社享有。未经社会科学文献出版社书面授权许可，任何就本书内容的复制、发行或以数字形式进行网络传播的行为均系侵权行为。

社会科学文献出版社将通过法律途径追究上述侵权行为的法律责任，维护自身合法权益。

欢迎社会各界人士对侵犯社会科学文献出版社上述权利的侵权行为进行举报。电话：010-59367121，电子邮箱：fawubu@ssap.cn。

社会科学文献出版社